BANGYANG DE
ZHENGNENGLIANG
榜样的正能量

向榜样学习

严谨·坚持

刘广富　编著

北京出版集团
北京出版社

图书在版编目(CIP)数据

向榜样学习．严谨·坚持／刘广富编著．— 北京：北京出版社，2014.1
（榜样的正能量）
ISBN 978 - 7 - 200 - 10313 - 7

Ⅰ．①向… Ⅱ．①刘… Ⅲ．①品德教育—中国—青年读物②品德教育—中国—少年读物 Ⅳ．①D432.62

中国版本图书馆 CIP 数据核字(2013)第 282777 号

榜样的正能量
向榜样学习 严谨·坚持
XIANG BANGYANG XUEXI YANJIN·JIANCHI
刘广富 编著

＊

北 京 出 版 集 团
北 京 出 版 社 出版
（北京北三环中路 6 号）
邮政编码：100120

网 址：www.bph.com.cn

北 京 出 版 集 团 总 发 行
新 华 书 店 经 销
三河市同力彩印有限公司印刷

＊

787 毫米×1092 毫米 16 开本 12 印张 170 千字
2014 年 1 月第 1 版 2023 年 2 月第 4 次印刷
ISBN 978 - 7 - 200 - 10313 - 7
定价：32.00 元
如有印装质量问题，由本社负责调换
质量监督电话：010 - 58572393
责任编辑电话：010 - 58572303

前　言

　　每一只精致完美的蜂巢都是由数以万计的蜂儿在认真、严谨的态度下完成。每一只伶俐的海豚都带着与生俱来的精细"声呐"在碧海汪洋中遨游。没有严谨、精益求精的态度，哪来令科学家都叹为观止的精巧蜂巢？哪来令孩子们拍手叫好的水中精灵与海洋使者？

　　韩非子言："慎易以避难，敬细以远大。"严谨细致是一个人的优秀品质，甚至是智慧的体现。有人对事情认真对待，有人对事情不屑一顾，满不在乎。科学上的重大突破，理论上的重大创造，技术上的重大发明，无不是在持有严谨态度的情况下开始的。若牛顿没有严谨地看待"苹果从树上掉下来"这个普遍现象，又怎么会探索出万有引力？若瓦特没有严谨地看待"水开时，壶盖会跳起来"此生活常态，又怎么会发现蒸汽的力量？这些现象在人们的生活中常常出现，然而，寻常人熟视无睹，只有那些态度严谨的人才会从中挖掘宝藏。

　　诚然，成功的道路上往往还需要坚持不懈的毅力。许多人，或许他不聪明，但是他们都紧紧揣着坚持不懈这把神奇的钥匙，叩响成功的敲门砖。爱迪生若不是有坚持不懈的精神，能试用3000多种材料发明电灯，驱散每个角落的阴霾，使人类进入了一场迅猛而疾驰的科技革命？徐霞客若不是有坚持不懈的精神，能毅然踏遍祖国的每个角落，写下熔文学与科学为一炉的瑰宝《徐霞客游记》？李时珍若不是有坚持不懈的精神，能涉足荒山野地尝试草药，谱写《本草纲目》，成为中国医学史上的丰碑？古今中外，名人事迹，无不阐释着"坚持"二字，只要你抓住了"坚持"这把钥匙，成功的曙光就会毫不吝啬地照向你；而一旦放弃了它，就算是近在咫尺的胜利女神也会悄然离开。

坚持，应该是细雨轻扬，彩蝶飞舞，轻盈而显得绮丽，因为成功是包裹着它裸露肌肤的绫罗绸缎。竹笋在春的召唤下努力地冲破层层泥土的阻挠，最终成就了生命的绿；溪流在海的呼声中坚强地饶过千山万水的阻隔，最终成就了大海的魂；细砂在贝的召引下执着地包裹在贝分泌的白色黏液中，最终呈现珍珠的韵。能获得成功的人，刻苦钻研是他的前提条件，而坚持不懈是他内在的气质。

本书选取了社会各个领域中用严谨的态度、坚持不懈的毅力书写人生精彩的故事：有为人类作出的巨大贡献的科学家——袁隆平；有在自己岗位默默奉献的"最平凡的伟人"——孔祥芬；有在事业上作出丰功伟业的艺术家——张艺谋……

历史如沉沙折戟，自将磨洗：是严谨坚持，让刘禹锡历经了"二十三年弃置身"的悲苦后，终成出淤泥而不染的清莲；是严谨坚持，让苏子瞻身陷"乌台诗案"而坚持写出"老夫聊发少年狂"；是严谨坚持，让柳永全然不顾衣带渐宽而流下了千古佳话；曹雪芹举家食粥坚持写下了不朽的《红楼梦》；欧阳修年幼丧父笃学成才；匡衡家境贫寒坚持凿壁借光，终成大学。圣贤们正用亲身经历向我们诉一个真理：严谨坚持，是通向成功的不可缺少的条件。故"天将降大任于斯人也，必先苦其心志，劳其筋骨"。试问：不能忍受磨炼，有几人能成功？纵有千古，横有八方，前途似海，来日方长。朋友们，学会严谨坚持，你才有机会独掌苍茫大地，傲问谁主沉浮。

目　录

第一章

兢兢业业，如霆如雷

"万颅之魂"王忠诚

【模范人生】

王忠诚是世界著名的神经外科专家，中国工程院院士，有"万颅之魂"之誉，他是 1978 年的全国劳模，2008 年荣获国家最高科学技术奖。

人们经常说，"才不近仙者，不能为医"。王忠诚却认为，自己不但不聪明，而且"比别人反应都慢"，唯有比别人认真谨慎。这当然是自谦的说法，不过认真细致的工作精神的确是他不断突破医学禁区的重要法宝。

大脑中包含着密如纱网的中枢神经系统。中枢神经支配人的感觉、思维、语言、内脏功能和肢体活动，被称为人体的"司令部"。中枢神经细胞极为脆弱，缺血缺氧 5 分钟就告死亡，而且不能再生。神经外科常要求在直径不到一毫米的血管上做吻合手术，无异于在"万丈深渊上走钢丝，没有认真严谨的态度根本做不到"。每一次手术前，王忠诚总是从思想上做好充分准备，想到病人可能出什么情况、怎样预防或怎么挽救，尽量让手术达到理想的效果。

无影灯下，王忠诚那双曾拯救过许多生命的手，小心翼翼地揭起一块颅骨。他端坐在手术台前的圆凳上，透过花镜和放大 10 倍的外科显微镜，给一位偏瘫患者做小脑血管吻合手术。这是 1977 年的一个病例。早在 1976 年，王忠诚便从文献上看到美国和瑞士的医生已经做成了这种高难度手术。他想，如果我们掌握了"吻合术"，就会给中国的许多脑血管病人带来福音。从此，他把这个项目列为攻关目标，一遍又一遍地吻合着动物的脑血管……

我国神经外科创业初期，由于并不掌握当时国际先进的神经外科诊断技术——脑血管造影术，因而治疗带有相当大的盲目性。王忠诚决心开创我国自己的脑血管造影技术。他开始在尸体上练习。时值盛夏，在没有通风设备的室内，尸臭令人作呕，炎热令人大汗淋漓，王忠诚全不顾及，终于取得了丰富的经验，使初期的六七个小时确诊时间缩短至15分钟。

从业几十年间，王忠诚创造了令国内外同行叹服的一个又一个奇迹。他豪情满怀地说："现在，世界上能做的神经外科手术，我们国家都能做，而且手术技巧和质量都达到世界一流水平。"

做脑神经外科手术，双手不能有一点儿颤动，"严谨"在脑神经外科手术中的重要性不言而喻，而王忠诚院士作为业内首屈一指的专家，对严谨的贯彻与坚持要是不言而喻的。

【精神榜样】

现实生活中不仅是医务工作者需要认真对待工作，各行各业的劳动者都不能缺少认真严谨的工作精神。

大部分人的智力差别不大，之所以在成就上有所差别，主要原因就在于是否拥有认真严谨的态度。学习时期如此，工作时期严谨的重要性就更不必说了，无论从事什么工作，都需要认真负责的精神。

一些人做事总是丢三落四，或者工作上常犯一些很明显的幼稚错误，这往往就是缺乏严谨认真的态度造成的。要想把工作做好，我们必须要求自己认真细致，说到底则是要有事业心和责任感。只有树立责任意识，严谨细致，一以贯之，才能稳扎稳打，胜利前进。拥有严谨的态度其实很简单，每个人都能做到。只要把眼前的工作认真做到最好，以别人满意的回馈不断鼓励自己继续发扬认真的精神，就能逐步看到自己的成长。

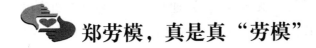

郑劳模，真是真"劳模"

【模范人生】

郑胜武是武汉铁路局江岸机务段的电力机车司机长，是一名"平常时期看得出来，关键时刻冲得出来，危难时刻豁得出来"的优秀司机。作为人民的火车司机，安全生产是郑胜武职业生涯的重要组成部分，这就要求他时时刻刻秉持严谨认真的态度，细致处理行车前的各项安全检修工作。20多年来，郑胜武就是在安全信念的指引下持之以恒地细致工作的。

郑胜武原来包乘的是SS4型253号机车，通过与包乘组副司机一道对该车精心养护，他们将该台车建成了郑州铁路局"样板机车"和武汉铁路分局"五星级"精品车。每趟出勤，他都能做到早接车；每次返程，他都坚持晚回家。他常常采用"老中医"的办法给自己这名机车检修，坚持"望、闻、问、切"，上上下下，里里外外，透过火眼金睛，凭借娴熟技术，把整个机车全面细致地检点一番，对待任何细节都能做到标准化操作；为了保证行车安全，他还经常牺牲自己的休息日对机车进行彻底的检修维护。人们风趣地说："郑劳模，真是真'劳模'。"

郑胜武在20余年的乘务实践中，总结了保障安全行车的一些主要工作方法，这就是"四不开"，即：不开"危机车"、不开"盲目车"、不开"臆测车"、不开"冒险车"。

一次，郑胜武牵引35124次货物列车，上行运行至滠口机外停车。

再开车时，他认真执行作业程序，严格按规定进行列车管试风，发现列车排风时间短，很快判定列车有折角塞门被关。他立即用列车无线调度电话（简称"无线列调"）通知车站，并要求机车副司机与他一起下车向后寻找。最后，他们果真发现列车的第十四、第十五两节车厢折角塞门被关。在快速处理后，列车顺利开车，郑胜武的仔细避免了一起事故的发生。还有一次牵引24082次货物列车运行至孝感机外时，他发现进站信号机故障，于是紧急停车，并下车进行检查，发现1123KM处钢轨折断，他立即向车站报告了该情况，并用无线列调通知后续旅客列车注意运行。正是因为他在工作中认真负责，才得以防止一起又一起可能发生的列车事故。

在20余年行车中，郑胜武杜绝了一切行车事故，还防止列车撞人、撞牛、信号突变等各类事故30多起，真正做到了创精品车、开安全车，让人民真正放心和满意。

【精神榜样】

郑胜武比别人更优秀，细究起来，他不过比别人对待工作更加认真细致而已。认真是一种无可替代的美。一个人的能力，并不取决于其学识的高低，而是取决于他能付出多大程度的严谨。只有养成认真负责的习惯，才能把该做的事做得尽善尽美。也许你在感叹"认真"的神奇作用，其实，一旦"严谨"二字深入自己的骨髓，融进自己的血液，你也会焕发出一种令所有人、包括自己都震惊不已的力量。像郑胜武这样的劳模在各行各业有很多，但他们的成功有一个共同点："严谨"不是别人对自己的要求，而是自己必不可少的生活态度。

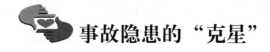 事故隐患的"克星"

【模范人生】

过硬的生产技术和认真负责的工作态度对于炼油化工生产领域而言，如同双轨对于一列平稳运行列车，缺一不可。锦州石化公司化工一车间水合一班班长付东正是因为同时具备这两种素质而被大家誉为事故隐患的"克星"。

付东用认真工作书写了骄人的业绩，多次被评为锦州市劳动模范，获得辽宁省五一劳动奖章、全国五一劳动奖章等多项荣誉。担任锦州石化公司车间安全员期间，付东认真履行工作职责，照章操作，经他手开出的各级火票近万张无一差错。2003 年 2 月，锦州石化实施内部重组压缩管理岗位，干了近 10 年安全员的付东"下岗"了。他坦然面对这一变故，没有沮丧，主动向车间领导提出干倒班岗位的要求。

2008 年 10 月的一天零点班，付东巡检时发现二套水合系统进料泵密封处发生丙烯泄漏，险情一触即发。对此，付东没有慌乱，他立即组织人员用最短时间切换备用泵，自己则不顾危险冲到前面，对原运转泵进行泵体泄压、实施蒸汽保护，整个抢险过程有条不紊。2009 年 2 月 17 日，付东所在班组三班下午 4 点到晚上 12 点即将交班，突然，他发现一套设备发生泄漏，丙烯从漏点源源不断泄出。付东顾不上下班，马上开始查找原因。经过一番仔细查找，发现是冷却器出口阀开度太小所致。于是，他及时作出调整，切断隐患源，避免了一次跑油事故的发生。而当他拖着疲惫的身躯离开时，天已经蒙蒙亮了。

几年来，付东带领班组员工成功处理各类事故及隐患十余起，为企业避免经济损失逾百万元。而在荣誉面前，付东前进的脚步从没有停歇，他始终以一颗平常心，认真站好每一班岗，认真做好每一项工作。

【精神榜样】

在现实中，很多人缺少付东这种认真严谨的态度，虽然抱着远大的理想，却马马虎虎对待眼前的工作，导致工作效率低下，工作能力提升缓慢，工作结果自然也不理想。

拥有认真的态度就是把眼前的工作认真地做好。只要认真工作，那么，无论从事何种岗位，都能逐步看到自己的快速成长。青少年在学习上也应该抱着认真严谨的态度，这对将来走上工作岗位是非常有益的。

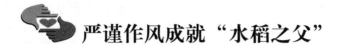

严谨作风成就"水稻之父"

【模范人生】

袁隆平被誉为"杂交水稻之父"，并于 2009 年当选为新中国成立以来最具影响力的劳模。是什么促使这位杂交水稻专家走向成功呢？正是严谨认真的工作精神！

1953 年夏，袁隆平从大学毕业，被分配到湖南省偏僻的安江农校任教，开始了他长达 19 个春秋的教学生涯。1954 年，他教普通植物学。他下苦功夫，从构成植物体的最小单位——细胞开始，到根、茎、叶、花、果的外部形态，再到植物的生物学特性及其遗传特性等进行系统的学习研究。为了在显微镜下观察细胞壁、细胞质、细胞核的微观构造，他刻苦磨炼徒手切片技术，几百次、上千次，一直到能在显微镜下得到满意的观察结果为止。

每次给学生上课之前，他都要认认真真地备课演练，经常提出各种问题自考自答。他走出课堂，来到田间地头，从实践中找答案。他深有体会地说："即使浅显的问题，如果教师本身钻得不深不透，也不可能把课讲好！"

杂交水稻的研制成功更是浸透着袁隆平严谨治学的精神。水稻是雌雄同花的作物，难以一朵一朵地去掉雄花搞杂交。因此必须培育出一个雄花不育的稻株，即雄性不育系，然后才能进行杂交。这是一个难解的世界难题。袁隆平知难而进，他认为，雄性不育系的原始亲本，是一株自然突变的雄性不育株，是可以天然存在的。中国拥有众多的野生稻和栽培稻品种，一定蕴藏着丰富的种子资源。于是，袁隆平迈开双腿，走进水稻的莽莽绿海，去寻找这从未见过而且在中外数据从没见过相关报道的水稻雄性不育株。时间一天天过去，袁隆平头顶烈日，脚踩烂泥，驼背弯腰，一穗一穗地观察寻找。面对这几乎不可能完成的任务，袁隆平凭借认真严谨的工作精神，终于在第 14 天发现了一株雄花花药不开裂、性状奇特的植株。

在水稻研究方面，袁隆平的要求是一丝不苟的。跟随他 40 年的助手尹华奇举了个小例子：一个组合几粒种子如果要播成两排，怎么播呢？要是偶数好办，平均分布。如果是奇数，多出的一粒种子，袁隆平要求不可以放左边也不可以放右边，一定要在中间，以保证密度一致，缩小实验误差，达到实验结果的去伪存真。尹华奇说，袁老师对自己提出的要求总是严格贯彻，一年做一万多组实验，每一组都要亲自检查实验条件是否达到要求。

20 世纪 70 年代，中国对杂交水稻的成功研究，最终将水稻亩产从 300 公斤提高到 800 公斤，并推广 2.3 亿多亩，增产 200 多亿公斤。这些成就不能不归功于袁隆平。

【精神榜样】

袁隆平院士为中国、为人类作出的巨大贡献，是与他的严谨认真的治学精神分不开的。对于任何人而言，没有严谨认真的工作态度和严密科学的工作程序，事业就可能毁于一旦。每一个劳动模范的成功既在于他们有着坚忍不拔的奋斗精神和先公后私的奉献精神，还在于他们具有严谨认真的求实精神。

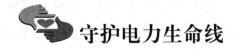 **守护电力生命线**

【模范人生】

田军是张家界电力局输变电管理所输电线路一班班长，他曾多次被评为先进工作者，获得过全国五一劳动奖章、省级劳模等荣誉称号。

"一根杆子三根线，围着杆塔转三圈"，很多人用来形容外线工作的简单，但实际上，外线工作是一项综合知识要求较高的特殊工种，没有扎实的基本理论功底和丰富的现场经验，根本无法适应工作需要。就是这样一份工作，田军一干就是20多年。为准确掌握各项作业技术，田军每次都争着上塔作业；遇到一些专业难题，他一定要想方设法弄懂弄通。田军要求自己对任何设备、线路的运行情况，不仅要知其然，还要知其所以然。正因为始终秉持这种认真的工作态度，田军成了著名的"电力线路活字典"，同事们都说，有什么搞不定的难事，找田军就没错。

田军的认真还体现在对待工作的不畏艰难上。2008年年初，胡武线发生险情？田军第一时间爬上海拔900多米的高山，守在此处查看导线是否结冰。然后申请融冰，因为附近没有监察哨，中午12点就上山的田军硬是在天寒地冻的山里待到第二天下午4点完成观察任务才下山，整整28个小时滴水未进。长时间忍受着零下10摄氏度的低温，又没吃没喝，同事实在扛不住了想拉着他一起下山，田军不埋怨，只说了一句："你先下山吧，我留下来守着。这关系着整个张家界大片区域的居民用电，怠慢不得啊。"

从凤滩水电站到张家界，196 个杆塔，60.33 公里，夏天巡查一次需要 8 天时间，冬天则需要 10 天时间，这些数字已经被田军深深印刻在心里。田军一个月要走 180 公里山路，来来回回地巡查，不厌其烦。在山里巡线不是游玩，其艰难不比寻常，而且不管天气好坏，你都必须仔仔细细、认认真真地走一遍，有时候甚至只能用"挪""爬"这些词来描述其行进方式。夏天，山林里闷热不透风，人在里面喘不过气来，汗水一遍又一遍湿透衣服，衣裤剐破，田军的手上、脸上也常常被荆棘剐得鲜血淋漓；冬天，特别是遇到雨雪天气，脚一停裤腿就被冻得僵硬，还常常跌得遍体鳞伤，每次田军巡线回家，身上处处是伤痕。

田军，这位普普通通的电力线路工，为了万家灯火，20 年如一日，无怨无悔，作出了不平凡的成绩。

认真严谨是一种生活态度和习惯，让田军在工作中体验着快乐。"认认真真做一件事也比马马虎虎做 10 件事强"，田军在 20 余年里认真做好自己的外线工作，守护着张家界人民的电力生命线，得到了来自当地民众的尊重。

【精神榜样】

很多人意识不到成功与失败往往只差一步，这一步就是 4 个字：严谨认真。拥有了严谨、认真这个法宝，我们就能走向成功；反之，就只能眼睁睁地看着别人成就事业的辉煌。认真其实也是一种持之以恒的精神。如果我们每个人都能在人生的旅途中，像田军一样认真做好每一件工作，美好的生活自然就在眼前。

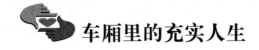 车厢里的充实人生

【模范人生】

邵开成在江苏省常州市公交集团公司工作，现任"全国青年文明号"18036号车驾驶员、3路车线路班长。邵开成的工作简单而枯燥：开公交车，每天跑着重复的路，干着重复的事。可正是在这平凡的岗位上，他向人们展示了一名优秀劳动者不凡业绩，成为感动常州的十大新闻人物之一，成为全国劳动模范。显然，看似简单枯燥的公交驾驶工作的背后，藏着很多动人的细节和故事，这些不起眼的细节和故事，经过十多年的累积，铸就了一个人的"完美"。

一个雨天，一名乘客下车发出的"啊呀"声，引起了邵开成的注意。透过反光镜，邵开成发现，那名乘客的脚踩进了积水里。虽然乘客头也没回就走了，但那声"啊呀"从此留在了邵开成的心头。之后，邵开成每一次停车都尽可能地挨着站台，让乘客一步就能踏上车门或踩在站台上。邵开成抓住细微处为乘客提供服务，公交车里没有空调，车厢里乘客满头大汗，用衣服扇风，邵开成为公交车装上了便民扇；刚刚入冬，邵开成透过后视镜发现，握在车内不锈钢拉杆上的手少了，第二天，一层绒布就包裹在了不锈钢拉杆上。邵开成每次跑夜班车，总会在纺织厂门口等一等、看一看，生怕谁赶不上末班车。

1999年，3路车实行无人售票制。无人售票，如何有情操作？邵开成利用公休日到苏州、南京等地，向同行和劳模学习服务方法；查看沿线街道、工厂、学校、商店、名胜古迹分布情况，为乘客选择合

适的下车站点。为了服务更多的乘客，他还学习了服务英语、哑语。通过认真的实践和总结，一套邵氏服务法逐渐形成，这就是"四多""四个一样""等、扶、喊"服务法。"四多"，即多说一句、多看几眼、多想一点、多体贴些。"四个一样"，即不论乘客态度好坏，服务态度一个样。不论车上人多人少，规范操作一个样；不论车辆运行正常与否，服务质量一个样；不论情绪好坏，服务要求一个样；"等、扶、喊"，就是起步前看看有没有赶来的乘客，有就等一等，有腿脚不灵便的乘客坐车，等他们坐稳后再开车；遇到那些年龄大、行动不便的老年乘客乘车时，走出驾驶室把他们扶上车并帮助落实好座位；再有就是遇到情况，利用送话器喊一声，委托其他乘客帮助照顾一下"老、幼、病、残、孕"。

邵开成把车厢建成了乘客的"温馨家园"，凭借他认真负责的工作态度，将这份温馨送到了每一位乘客的身边。

【精神榜样】

邵开成在自己的岗位上作出了骄人的成绩，其实主要得益于他对工作的严谨态度：严谨对待工作中的每个细节！细节决定成败，成功来源于严谨，细节更需要我们以严谨的态度去对待。其实，再大的事都是由一个个细节组成的，每个细节都严谨地做到最佳，就能做成一件伟大的工作。青少年们应该引以为鉴。

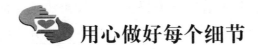 **用心做好每个细节**

【模范人生】

顾忠华，1989 年进入江苏沙钢集团第三轧钢车间工作，江苏沙钢集团煤气防护站站长，2009 年当选为苏州市劳动模范。

江苏沙钢集团煤气防护站是全公司煤气专业管理部门及全公司总管网的管理维护单位，由于煤气安全关系沙钢集团的安全，甚至还影响着周边居民的安全，所以安全管理工作是重中之重。在各类一线带煤气作业中，顾忠华时刻把好安全关、带头做工作，领着大家一起到操作现场反复勘测，根据勘测的情况制订作业方案，修改讨论作业方案，制订应急预案，最后到现场操作。他认为在确保安全方面，细节能决定成败，认真要坚持到底。

沙钢煤气防护站所属气柜、综合管网遍布全公司，日常防护工作之繁重可想而知，顾忠华总是走在前头，抢先抓好防护工作。公司的一位负责人说："我们经常能看到顾忠华骑着摩托车全厂转，公司区域范围广，全部检查一遍还真得费不少时间和精力。"为了真正做好防护工作，抓住防护工作中的每个小细节，顾忠华每天提前上班，下班后也总是最后一个离开，周末还时常加班。在家里休息时，如果部门遇到问题，打个电话他就立即从家里赶到现场处理。以前公司煤气放散情况比较多，点"天灯"的情况时有出现，这不仅是对公司能源的浪费，而且也给环境造成了污染，如何减少乃至杜绝煤气的放散情况，成为顾忠华面前的一个难题。

顾忠华从现场的勘察研究中发现了一些细节，总管网的压力高了，华盛一分厂的管网压力就跟不上，于是只能放散掉一部分的煤气，所以只要把华盛一分厂的管网压力提上来就能解决这个问题。通过反复论证和细化研究，顾忠华带领技术人员把华盛一分厂的管网压力提高到 10 千帕，彻底杜绝了煤气放散情况，有效提高了煤气综合利用率。在顾忠华的带领下，大家不断共同努力，使公司能源介质管网这条生命大动脉始终保持着充沛的活力。

一个人，即便有再高的学历，再好的教育背景，对待工作如果不认真，不将敏捷的判断力、准确的逻辑推理能力、丰富的专业知识和工作中的具体细节联系起来，最终也会一事无成。顾忠华对工作中的每一个细节认真负责的精神值得每一个人学习。普通人在大多数日子里，很显然都只是做着一些小事，然而决定成败的关键就在这些小事上。一个人不怕没能力，也不怕没机遇，就怕连小事也做不好。

在工作中，没有任何一件事情，小到可以被抛弃；没有任何一个细节，细到应该被忽略。同样从事一个平凡的职位，不同的人会有不同的体会和成就。不屑于做小事的人做起事来十分消极，只会糊弄工作，他们只是混时间；积极的人则能够安心工作，把做小事作为锻炼自己、了解企业情况、加强业务知识、熟悉工作的各个重要环节，通过小事去多方面体味，增强自己的判断能力和思考能力。

【精神榜样】

注重细节，从小事做起。看不到细节，或者不把细节当回事的人，对工作缺乏认真的态度，总是敷衍了事。而注重细节的人，不仅认真地对待工作，将小事做细，并且能在做细的过程中找到机会，从而使自己走上成功之路。工作中没有小事，点石成金，滴水成河，只有认真对待自己所做的一切事情，才能克服万难，取得成功。

流动的城市窗口

【模范人生】

于凯是首汽集团一名出租车司机，1984年从部队复员分配到首汽，20多年来，从没有发生过针对他的服务投诉，于凯得到社会各界的广泛赞誉，在平凡的岗位上作出了不平凡的业绩，先后获得北京市劳动模范、全国五一劳动奖章、全国劳动模范等荣誉称号。

于凯把自己和北京的形象联系在一起，用精湛的驾驶技术和细致的服务赢得了乘客的信任。他认为开出租车不难，但要开好出租车，就不那么简单了。在服务上他不满足于传统的内容和模式，一直在琢磨如何进一步提高服务水平。于凯认为服务不能停留在"微笑服务、扶老携幼、拾金不昧"上，应该与时俱进，以适应不断发展、变化的社会需求，并且应该具有鲜明的时代特色和地域特点。

于凯结合实际工作，总结出一整套服务流程。比如，乘客上车后，他总是主动问候，然后问"咱去哪儿"，一个"咱"字就拉近了与乘客的距离。再比如，遇老人上下车时要耐心等待不能催；遇行李多的乘客要提醒关好车门和别忘拿好东西；儿童上车爱抢前座，为了安全，要耐心地将他们哄到后座或让家长看管，等等。这些说起都是小事，却能温暖乘客的心。

在于凯的车上备有乘客常用的便笺和笔，针对一些年轻旅客不满足于参观老景点的特点，他特意买了介绍北京周边景点、特色餐饮和特色购物指南类书籍放在车内明显位置。他还特别注意把车内环境布置得轻松、温馨，比如，在车内贴一个随车摇摆的竖起大拇指的手，乘客们觉得既好玩又亲切，特别是小乘客，本来哭闹不停，一看到摇晃的大拇指就破涕为笑。

为了达到无痕服务这一最高境界，他开始注意观察、总结、记录一些乘客的乘车习惯，以及不同性别、不同年龄段、不同社会层次乘客有特殊需求时的不同反应和语言暗示，尽可能地弱化"为您服务"的痕迹，让乘客在不知不觉中得到想要的服务，免除让人诚惶诚恐的感激。有位乘客对他说："坐您的车总感觉和别人的不一样，也没见怎么客气，就是觉得那么舒服，同样的一段路，同样的时间，让我感觉路变短了，时间变快了。"

有一次，一位外宾坐于凯的车前往琉璃厂时，途中突然下起了小雨，西装革履的外宾露出烦恼的神情，大概是担心行程被耽搁。可车一停稳，于凯即递过一把雨伞，外宾喜出望外，打着雨伞不慌不忙地逛完了琉璃厂和古玩城。外宾告诉于凯，他是第一次来北京，于凯细致周到的服务使他对北京和中国留下了美好的印象，他想用刚买的一把新伞换下于凯的那把旧伞作纪念。"中国好！北京好！你好！"握别时，外宾用很生硬的中国话说。

于凯通过出租车这一流动窗口，展示了中国和首都人民的精神风貌。有些乘客可能不记得于凯的名字，但是他们记住了这个城市，无疑，于凯就是这个城市的一张精彩的名片。

于凯没有什么豪言壮语，也没有什么惊人之举。他在出租汽车司机这个平凡的岗位上踏踏实实做人，稳稳当当开车，把自己工作的每一个细节琢磨透了，做到了极致，并不因为这个职业平凡普通就放弃精进，反而兢兢业业，从平凡中挖掘出了伟大，令人钦佩。

【精神榜样】

开出租车是件小事，但如果深入挖掘，就可以把这件小事演绎得不同寻常，甚至令人惊叹。于凯就让我们领略到，兢兢业业、认真负责地把工作做好，将带来何等的荣耀。于凯把自己的"工作场所"——出租车，转变成了向乘客们展示北京出租车司机的窗口，是各行各业服务于群众的广大劳动者的敬业认真精神的一个缩影。青少年不妨把这种认真严谨从事一项平凡工作、将工作做到最好的敬业精神用在我们的学习、生活以及社会实践当中，去收获一段无悔的青春，去收获一份无与伦比的丰盛经历。

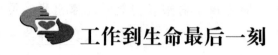 **工作到生命最后一刻**

【模范人生】

这是令人动容的一幕：一位脸上戴着氧气罩、身上插着各种医疗管线的垂危老人，在人们的搀扶下迈向病房中的办公桌……

这是一位中国工程院院士最后的冲锋姿态。悭吝的时间不肯给这位可敬的科学家临终的从容。来不及把笔记本上5条提纲的内容填满，来不及整理完电脑中的全部文档，甚至来不及给亲人更多的嘱托和安慰，这颗赤子之心便匆匆停止了跳动，距最后一次离开办公电脑只有5个小时。

林俊德院士走了，留给人们的，永远是那个冲锋的背影。

林俊德是功勋卓著的"两弹"元勋。他成功研制出世界上第一台钟表式压力自记仪，在我国第一颗原子弹爆炸试验中首战立功，从此，"林氏"压力自记仪遍布试验场的各个角落，效应试验用的坦克、飞机、火车，从万米高空到地上地下的各种工事里，到处都可以看到这种轻便实用的仪器；他推动建立了我国地下核试验特定地质条件下的力学测量体系；他引领了我国爆炸力学相关领域的发展方向。

20世纪50年代，党中央作出研制核武器的战略决策。一批批海外学者、专家教授、高校学子响应祖国号召，从四面八方奔赴核试验基地，林俊德就是第一批选调到基地的优秀大学生之一。当得知自己即将从事核试验研究时，林俊德说，自己一定要勤奋工作，把一生奉献给这一伟大事业。

在那个特殊年代，林俊德默默奉献；当时代变化，他依然坚守奉献，直至生命的最后一刻，他兑现了自己许下的诺言。

2012年5月31日，是林俊德住院的第八天，也是他生命的最后一天。他似乎感到死神的脚步已经迫近，在两个小时内先后9次发出强烈请求，反复强调，如果不交代清楚，他牵头的一个项目就无法延续下去，对国家将是很大的损失，对他个人也是永远的遗憾。

尽管办公桌离病床只有几步，但对已经不能站立的林院士来说，哪怕挪动几厘米，都十分艰难。然而，林院士终于还是在大家的搀扶下挪到椅子旁边坐下，艰难地开始工作。

他颤抖的手逐渐变得握不住鼠标，视力也模糊起来，几次向女儿要眼镜。女儿告诉他，眼镜戴着呢。在场的人都劝他停下来休息一下，然而，他反复说，"不要强迫我，我的时间太有限了""我不能躺下，躺下就起不来了"。即便是答应暂停工作，他也只愿坐在椅子上休息，几分钟后又继续操作。时间一分一秒地流逝，林院士的生命体征几乎到了极限，但他依然在坚持，从电脑里找出资料按ABC的顺序排列，开启保险柜的示意图也详细地画在了本子上……

当林院士完成了最后的工作，交代清楚下一步的工作安排，医生与家人也已经不知道是第几次劝他躺回病床，他才最后一次查看了电脑里的文件，艰难地说："好吧，谢谢！"他累了，躺下了，这一躺就再也没有起来。

【精神榜样】

林俊德把国家利益看得高于一切，把忠诚使命看得重于一切，即便是身患癌症，他念念不忘的仍然是未完成的科研项目。在生命的最后8天，他3次拒绝手术治疗，强忍病痛整理完以毕生心血书写的大量科研资料；在生命的最后3天，他3次打电话指导科研工作，2次召集课题组成员布置后续任务；在生命的最后1天，他用尽气力向为之奋斗一生的事业悲壮冲锋，9次请求下床工作，直至把他最牵挂的重大课题技术思路梳理清楚，留给后人。将生命献给事业，将事业坚持到人生的最后一刻，是一名科学家宝贵的情怀。

第二章

天下大事，必作于细

马路就是我的舞台

【模范人生】

黝黑的皮肤，凌乱的头发，大颗的汗珠，还有醒目的制服，这就是工作在大街上的环卫工人孔祥芬。同事们都认为孔祥芬是一个彻头彻尾的工作狂，就像是永远上满了发条，总是不愿停下来。马路和小巷，哪里脏哪里臭，哪里就有她忙碌的身影。

这个再普通不过的中年女人，凭借活络的头脑和认真实干的工作态度，负责近80万平方米的清扫面积。曾有人计算过，20多年来，她在路上来回捡垃圾走的路程不下40万公里。在同事们眼里，孔祥芬是个"不开窍"的人。不过，她的"不开窍"表现在名利上，工作起来她可绝不含糊。

2005年，江南区环卫事业试行承包制，孔祥芬竞标拿下了淡村路。这条路是历次卫生检查的"老大难"问题，人口居住集中，卫生意识较差，加上市政环卫设施不完善，街道极其脏乱。到了西瓜上市的季节，每天的垃圾能达到10多车。面对这种情况，孔祥芬在认真做好基本工作的同时，也苦思对策。在她的努力下，一年后，淡村路的卫生情况大为改观。

2006年12月的一天傍晚，孔祥芬为了打捞深陷泥浆里的一根木头，在大家都束手无策的时候，她索性一挽裤腿跳进泥中，硬是把这根碗口粗的木头扛上了岸，但此时的她不仅冻得发抖，而且浑身酸臭。回家一进门，丈夫实在受不了那股味道，气得大骂："你睡到垃圾场去，别把臭气带回家。"

孔祥芬见一时平息不了丈夫的怒火，只好跑回单位，在公厕里草草冲去身上的臭味，在门卫室里将就了一夜。第二天凌晨4点，她又像没事人一样出现在大街上开始工作。

工作20多年来，孔祥芬从未请过假。在大家眼里，她像个从不生病的"铁人"，但她实际上曾经顶着39摄氏度的高烧坚持工作，结果晕倒在三轮车旁。

在孔祥芬心中，别人看不上甚至有些鄙夷的环卫工作比什么都来得重要，她深爱着自己的工作。

不同种类的工作实质上并没有孰优孰劣之分，坚守自己的岗位，就是最好的贡献。孔祥芬在自己的岗位上坚守20余年，认真做好自己的工作，这难道不值得我们学习吗?

【精神榜样】

认真地将平凡的事一千遍、一万遍地做好就是不平凡。不管什么工作，哪怕再小、再不起眼，哪怕再没有什么技巧与能力，也要持之以恒、兢兢业业地做好。一个人是否认真，并不仅仅体现在大是大非面前，而更多地体现于小事当中，体现于日常生活最普遍的举动当中。对于我们青少年而言，要将自己的事做到最好，就必须养成认真负责的习惯，不忽视任何平常的生活细节，谨慎对待。

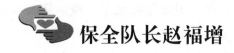 # 保全队长赵福增

【模范人生】

2008年5月，年仅22岁的赵福增获得全国五一劳动奖章，受到中央领导的接见。年纪轻轻的他，怎么得到了这么高的荣誉呢？这是和他对工作的细致态度分不开的。

赵福增刚参加工作时，用一年的时间自学了一系列相关专业书籍，掌握了别人通常需要三五年才能掌握的技术基础理论，其间写下数十万字的读书笔记，几乎涉及每一个细微的知识点。为了快速掌握技术、熟练地操作机器，赵福增明白必须下苦功夫，勤奋和认真地不断磨炼自己。当时实行三班倒的制度，一个班工作时间是8个小时，而赵福增总是坚持上12个小时。通过这样抓紧一切机会勤奋练习、细致操作，几年下来，他凭借过硬的技术成为骨干，当上了保全队长。

作为一名保全队长，赵福增在日常工作中一丝不苟、全面细致，对于设备容易松动的100多个螺丝每天都要全部检查调试一遍。看似不起眼的举动，却使设备完好率由原来的85%提高到96%。赵福增认为，车间就是战场，对于再不起眼的一个螺丝如果不上心、不仔细，也会造成大的故障。他时刻注意工作中的细节，不管上班还是下班，只要设备出了问题，他都会以最短的时间赶到工作现场及时处理。

2004年冬天的一个夜晚，凌晨两点左右，天空中飘着鹅毛般的大雪，梳棉工序5排7号梳棉机墙板塞花，赵福增从轮班长的电话里了解到情况，挂了电话穿上衣服就跑了出去。当时地面被厚厚的积雪覆盖

着，到处都是白茫茫一片，着急往车间赶的赵福增突然感觉脚底沉了下去，原来他掉进了树坑里，更糟糕的是，他的脚踝关节扭伤了。牵挂着设备故障的赵福增选择忽视脚上的剧痛，坚持着一瘸一拐地到车间把设备修好，保证了生产正常进行。还有一次，赵福增正在车间工作，发现清花 A002 抓棉机中心柱电线短路，正向外喷射电火花，并冒出黑烟。情急之下，赵福增不顾个人安危，冲到动力配电箱前，迅速关掉电源，组织工作人员扑灭火源，避免了一次重大事故的发生，为公司避免直接经济损失上百万元。

2007 年 6 月，赵福增的母亲因病住进人民医院治疗。赵福增平时因工作忙很少有时间回老家看望父母，母亲生病住院本应多抽些时间陪陪才是，可当时正值公司生产任务重，为不影响工作，赵福增白天坚守岗位，晚上熬夜陪护母亲，保证了公司生产任务按时完成。

一分耕耘，一分收获。经过多年的不懈努力与追求，赵福增作为一号保全工，工作努力、扎实、肯干、细致、富有创新意识，连续 5 年被公司评为生产标兵、技术能手等。

2008 年 5 月，赵福增获得全国五一劳动奖章。这一荣誉没有使赵福增产生骄傲的心理，相反，他开始更加严格地要求自己。正如赵福增所说，保全工这个职业没有绝对的第一，只有不断进步才会有精湛的技术。

2009 年 6 月，金融危机波及赵福增所在的华源生态科技有限公司，他的保全工作作为纺织工序中的"心脏"首当其冲。企业采用小批量、多品种、高附加值的生产模式，使得赵福增的工作更加繁重。这位只有 22 岁的全国劳模，又开始了新的挑战……

【精神榜样】

赵福增对于日常工作的细致认真态度令人钦佩，为了保证机器运转正常，不在关键时刻掉链子，他每天都要把 100 多颗螺丝检查调试一遍，其工作量之大可以想象。然而，对于生产来说，这样的细致是必需的，这是赵福增的认真严谨工作精神的体现。

作为青少年，要认识到学习或者社会实践对我们提出的同样要求——细致。天下大事，必作于细，若没有细致认真的努力，我们如何登上学业的高峰，如何在社会实践中真正正有所收获？甚至是在生活中，如果总是以敷衍的态度得过且过，如何体会生命的丰富与美好？如果忽视那些细微的精彩，又怎能感受人生的充实？

 **"工作狂人"徐群**

【模范人生】

高级工程师徐群自 1989 年工业与民用建筑专业毕业以来，20 多年里，只有当双脚踏上工地，两眼不停地搜索着工程中还有什么遗漏，脑中思考着下一步施工应该注意什么的时候，徐群的心里才是踏实的。

徐群不事张扬，但对于建筑事业的热爱与执着，是发自肺腑的。他数十年如一日在工作中忘我地奉献着，对每一项工程每一个细节精益求精。

徐群的车上有几样常备物品：安全帽、卷尺、手电筒。这是为了保证无论白天还是黑夜他都能随时进入工地。在建设大厦工程的 800 多天里，徐群没有节假日，没有休息天，天天都在工地上。施工单位的负责人不止一次地感慨："徐群，你比我们施工单位都认真，我们认真施工是因为有利益关系，你图啥呢？"对此，徐群笑而不答，他对工作的认真细致早已经渗透到骨子里了。徐群的主要工作就是对参与项目建设的设计、施工、监理等各单位进行协调，统筹管理整个工程。其中任何一个环节出了差错，工程就要返工，就要求追加投资，给政府带来损失。其实在大型建筑项目中，返工属于正常现象。然而，要求每一个细节都完美的徐群从不这么想。用最省的投资把项目做到最好，这一直是他的追求。

徐群工作起来非常认真、细致，他的这种工作作风影响了一批年轻人。建筑工务处的樊平在几年前怀着无比敬畏的心情开始在徐群手下工作，因为在业内人人都知道，徐群太认真了，对工作要求太高了。而自从成为徐群这个"工作狂人"的手下，樊平也变成了"工作狂"，一年到头都待在工地上。事实上，不仅仅是樊平，徐群的严谨、认真带动了很多人。只要是徐群负责的项目，行内人从不敢马虎。面对一个如此认真细致、对工作如此负责的人，敬佩之余大家都很自觉地认真工作。

一个人认真做几件事不难，难的是长年累月认真细心地做事，而徐群做到了，他的这份认真值得每个人学习。能否在自己的岗位上不断得到成长，其实完全取决于自己，取决于我们能否做好自己手头的工作。要做好自己手头的工作就要从一点一滴的小事开始，把自己经手的每一份工作做到尽善尽美。承担一份工作，就应该在工作中精益求精，这样才能赢得机遇的青睐，获得发展的机会。

【精神榜样】

其实对那些严谨认真的人而言，每天都是非常充实的。他们大多有一句口头禅：由我负责的事就必须做好，不准出差错。从现在起，青少年就应该养成严谨认真的好习惯，面对任何问题，都不能满足于一知半解，一定要做到精益求精，把事情做到细致完美。

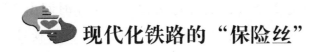

现代化铁路的"保险丝"

【模范人生】

赵大坪是北京铁路局北京供电段接触网高级技师，参加工作20多年来，他坚持从本职本岗实际需要出发，钻研业务，勤学苦练，练就了一套过硬的职业技能，专业技术业务素质不断提升，先后在局、部级举办的职业技能竞赛中多次获得优异的成绩，得到嘉奖。在日常工作中，他言传身教，耐心帮助职工学技术、练本领，充分发挥了工人技师的作用；在安全生产中，他刻苦钻研，多次解决了现场存在的技术难题，为铁路运输的安全畅通作出了突出贡献。

赵大坪始终坚持敬业爱岗、勤学苦练，精简细修保安全。参加工作伊始发生的一次安全事故给他留下难以磨灭的印象。他把这次事故作为教训，牢牢记在心里，下决心学好技术，苦练硬功。经过几年的不断磨合积累，他的接触网理论知识水平和实际操作能力逐步提高，赵大坪成为生产一线的技术骨干和技术带头人。在各项作业中，赵大坪牢固树立安全第一的思想，时刻把安全生产放在首位，精检细修，按检修工艺和技术标准操作，多次发现设备隐患，避免了设备故障的发生。

熟练旧有的技术之后，赵大坪开始思变，勇挑技术革新的重担。经过十几年的不断钻研和实践摸索，他成长为一名接触网高级技师，研究出了适合现场使用的专用工具和新的作业工艺，使工作效率成倍提高。他主持研究改进了腕臂吊装工艺，由传统的腕臂垂直吊装改为腕臂水平吊装和悬挂承力索同步作业的新工艺，这一改进，解决了承力索装入鞍子难的问题，原来需要 4 个人才能完成的作业，现减少为 2 个人，既省时又省力，作业时间由 25 分钟缩短到十几分钟。这种工艺方法还解决了长期存在的转换柱、小曲线半径内外侧支柱及压管等悬挂水平力大的支柱腕臂更换难的问题，现场应用效果显著。

另外为提高接触网导线断线后的事故抢修恢复速度，赵大坪还成功研制了通用型铜导线接续辅助器。该工具结构简单，使用方法易掌握，接续速度快、质量高。平均可将断线接续速度缩短 20 分钟左右，最短作业时间仅为 12 分钟。

在加强自身技能的同时，赵大坪更不忘言传身教，积极帮助提高全体职工业务素质。赵大坪在段职教科工作期间，为职工讲授接触网基础知识和实际操作技能。随着铁路又一次大面积提速和高速铁路的发展，他结合新"技规"、新"安规"和新"检规"以及高速电气化接触网的设备特点和性能，积极参加路局接触网工技师考前培训和高级工技能鉴定考评工作，还编写了大量职工培训教材，其中多篇被选入北京铁路分局《供水电系统工作实例、案例教材》。

赵大坪对工作的细致认真更体现在一次一次的重难点工程的圆满完成上。比如，2004 年 2 月，张家口机务段线路需要进行一次复杂改造。该次施工的难点在于几个关键数据的准确计算，而传统计算方法虽然简单易行，但精度差。为确保施工质量，必须采用实际负载计算，赵大坪和工友一起到现场实际测量了几十组数据，仔细查阅了大量图纸、图表，经过无数次反复计算、校验，终于拿出了准确的数据，从而制出精准的施工图，为预制安装打下良好的基础，最后施工质量全部合格，赵大坪和工友们圆满完成了任务。

赵大坪的先进事迹被多家主流媒体报道，他被誉为"现代化铁路的'保险丝'"。

【精神榜样】

　　唯有热情严谨地对待你从事的工作，你才能在挫折面前永不言败，笑到最后！追求完美意味着以认真的态度和科学的精神谨慎对待工作过程中的每一个细节，哪怕是一个微小数据也必须力求精确。无论做什么工作，都要重视小事、关注细节。

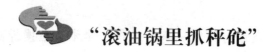

"滚油锅里抓秤砣"

【模范人生】

吴如出生在一个农民家庭，父亲过世早，母亲身患残疾，吴如从小就开始分担家中的农活，饱尝生活的艰辛。1981年，吴如被招工到平煤一矿，成为一名煤矿工人。

吴如刚进矿时，连队里工友的名字都认不全。而在采煤过程中他发现，貌似傻、大、粗的设备，没有一定的技术还真玩不转。文化水平低能当矿工，但绝对当不了好矿工。吴如暗暗下定决心，一定要学知识、学技术，当优秀矿工！从此他坚持每天看书读报一个多小时，并且做学习笔记，遇到不认识的字就写在纸上问别人，领导、工友、老婆甚至孩子都是吴如的老师。20多年来，他积累下来的读书笔记有40多本，学习心得体会有150多万字。他还编写出1.3万多字的《煤矿安全生产"四字歌"》，近3万字的《煤矿安全事故案例分析》一书。学习开阔了吴如的眼界，他渐渐地成了生产、管理方面的能手。

为了保证巷通中的施工安全，吴如每天都要下到180米深的井下，在逼仄的巷道中来回巡视。巷道两侧立着密密匝匝的铁柱，铁柱上方都用绳子连了起来。这些是支撑顶棚用的单体液压柱，一个有85公斤。用绳子连起来是吴如发明的，这样即使个别柱子松动了，也不会倒伏伤人。而每天从长长的溜子（运煤的工具）旁走过，吴如总会不时地把手伸向溜子下面摸一摸，检查溜子下边的销子有没有插牢，以避免运转时拉翻溜子。

工人们都说，老吴把抓安全比为"滚油锅里抓秤砣"，一点马虎不得。而正因为吴如对安全生产的重视，工人们都觉得有他跟班，大家伙儿最放心。据统计，吴如每年下井不少于 300 次，25 年下井至少有 7500 次，没发生因安全事故导致伤亡，因为他总能察觉到细微的不安全因素从而指引众人安全避难，甚至是在施工前就排除了隐患。而且在井下，有危险的时候他总是最后一个撤离。1994 年 9 月，一次在采面施工时，吴如发现柱子突然下陷，意识到这是冒顶的前兆，立即组织大伙儿撤出。当时有一个刚上班不久的青工落在最后，吴如跑过去拉着他拼命往外跑。就在他们刚冲出巷道的时候整个巷道落了下来，一下冒顶十几米。

在采煤一队，职工们常开玩笑说："天不怕地不怕，就怕吴如来讲话。"这是因为，身为采煤一队副队长的吴如每天早会都开得特别认真，总会先念一段他的"四字歌"，然后再反复强调安全生产。有时，他还在会上指名道姓地大声批评人，让那些违章者觉得很没"面子"。当然，大家都很明白他的良苦用心，采煤一队的安全意识因为吴如的带动而尤为强烈，在安全生产方面是矿上的标兵。

【精神榜样】

"泰山不拒细壤，故能成其高；江海不择细流，故能就其深。"把小事做细，把细事做透，我们才能真正把一件事做好、做成功。吴如认认真真贯彻安全生产原则，特别注意从细节中发现隐患，从细节上排除不安全因素，由此保证了全队的安全生产，赢得了工友的信任和尊重。我们青少年平时做事，也必须改变心浮气躁、浅尝辄止的毛病，注重细节，把小事做细。不管在学业上，还是在生活中，都要有认真细致的态度，为做成、做好一件事全力以赴，不放过任何细节。重视细节就是一种认真的生活态度，能让我们更多地体会到生活中的乐趣。

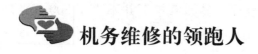

机务维修的领跑人

【模范人生】

韩少辉是东航工程技术公司西安维修基地航修部特设修理车间副主任，在2009年国际劳动节到来前夕，韩少辉被光荣地授予全国五一劳动奖章。荣誉的背后，是韩少辉工作16年中认认真真付出的不为人知的辛勤与汗水。

韩少辉将机务工作戏称为"机务生活"，把工作当成自己生活中不可分割的一个部分，享受着工作带给自己的快乐。回首韩少辉的工作历程，可谓一步一个脚印，平凡而踏实。

1993年7月，韩少辉从中国民航大学毕业后来到原西北航空飞机维修厂工作，从事BAe－146飞机的航线电子维护。工作伊始，韩少辉就被老师傅们所表现出的严谨细致的工作作风和一丝不苟的工作态度深深地打动了，这也为他今后的工作打下了良好的作风基础。韩少辉非常感激这些老师傅，并且曾说："今天回顾起来，良好维护作风的养成是我工作乃至人生中一笔享之不尽的财富。"

在附件维修工作中，许多机载计算机待修件由于缺少相应的测试设备无法维修，而国外厂家生产的实验台价格昂贵，维修基地不可能一一引进。为了节约送修成本，扩大维修范围，特设车间成立了以韩少辉为组长的技术攻关小组，尝试自主开发部分机载计算机的维修测试台。韩少辉明白，自己虽然对计算机的运用比较熟练，但现有的这些知识还远远不足以胜任这一艰巨任务。为了攻克技术难关，他利用一切可以利用的时间，放弃无数个周末和节假日的休息，深入学习计算机软件编程理论和相关的工具软件，认真分析附件维修手册及测试原理，并且查阅了大量的参考数据。那一段时间，西安各大电子市场里经常可以看到韩少辉奔波忙碌的身影。

2007年，韩少辉开始担任特设车间副主任，分管技术工作。在飞机维修基地这样一个技术密集型单位担任分管技术工作的车间副主任，韩少辉深知自己肩头的担子和责任有多重。他经常告诫自己，要认真、更认真地对待工作，千万不能有丝毫马虎与懈怠。韩少辉经常工作在生产一线，和同事们一起解决在车间生产过程中遇到的各类技术难题。

韩少辉——这名光荣的劳动模范，将用自己的实际行动去迎接新的挑战，创造出新的业绩，贡献自己的智慧与力量。韩少辉是一名普普通通的机务工作者，只是拥有一份对机务工作的热爱与认真。也许每份工作看起来都很简单、平凡，但正是这一个又一个的平凡，铺垫了不简单、不平凡的成功。如果我们用敷衍、马虎的态度对待自己的工作，最后只能像迷失方向的鲸鱼一样，搁浅在海滩上不能动弹。

【精神榜样】

严谨不仅包括研究上的严谨，也包括治学的严谨，甚至是生活的严谨。我们要在小事上严谨，因为这些小事集合起来，将会构成我们的一生。马虎的人，永远浑浑噩噩的，过一辈子也像是没有活过。而严谨的人不肯放过一点细枝末节的疏忽，他们的人生就比别人更接近完美。做一个严谨细致的人，我们的人生之路才会走得更稳、更远、更顺畅。

"公交车厢也是我的家"

【模范人生】

刘俊华曾是下岗职工，生活的转折发生在1999年，她被公交巴士公司录取为售票员。刚上岗时，为了尽快提高自己的服务水平，刘俊华向劳模李素丽拜师学艺，认真学习服务方法以更好地解决车厢内发生的各种问题。

718路公交车东起康家沟，西至人民大学，有40个车站，沿途有100多条换乘线路。为了更好地服务乘客，刘俊华利用休息日和下班时间，对沿线单位、医院、商厦的位置进行走访，一步步量出车站到商场、医院的距离和行走时间，回家绘出线路图，并且努力背了下来，乘客一问，她张嘴就能说出最佳路线。

在工作中注重细微小事，是刘俊华赢得乘客赞许的"秘密武器"。一次，车在行驶中，一位女乘客慢慢地蹲了下去。刘俊华马上走过去轻声询问："您哪儿不舒服？"乘客摇摇头说："没事，就是心里发慌、腿发软，一会儿就好了。"刘俊华判断，她可能是低血糖。当时，刘俊华兜里刚好揣着同事的喜糖，于是立刻剥了一颗递给她说："您先含块儿糖。"接着给她找了个座位坐好。渐渐地，女乘客缓过劲儿来。

换位思考是刘俊华理解乘客并取得乘客理解的"法宝"。黄庄、中关村一带修地铁，原本就很繁华的地段变得更加拥堵。那天，718路刚进中关村站，车门一开，一位老大爷就冲她嚷道："你们开的这是什么车呀！半天都不来一辆，我非投诉你们不可。"刘俊华一面搀扶老大爷上车，一面向全车乘客宣传："各位乘客您好，非常抱歉让大家久等了。现在，首都北京为了迎接2008年奥运会，正在进行整体规划建设，地铁线路的修建延长，是为了北京的公共交通更发达，也是为了我们今后出行更加方便。我们在保证安全的前提下，将尽量为您提供方便快捷的出行服务。"在她的宣传和疏导下，乘客脸上不耐烦、抱怨的表情渐渐消失，老大爷的火气也消了。

"用心服务，用情沟通"是刘俊华总结出的服务真谛。一次，一位操外地口音的乘客一上车就对她说，自己是学生，出门忘了带钱包，没钱买票。看着他为难的样子，刘俊华代他买了车票，又从兜里掏出20元钱，说："你先拿上这点儿钱，坐车办事，别着急。"不久，那位学生特意在站上等718路车，通过刘俊华的同事把钱还给了她。

因为认真努力工作，刘俊华2001年入党，2004年获得全国五一劳动奖章，2005年被国务院授予全国劳动模范称号。面对荣誉，她更加坚定了全心全意为乘客服务的决心。

【精神榜样】

刘俊华把公交车厢当作自己的家，因而能够做到爱它、护它，重视与它相关的种种细节；刘俊华把所有乘客当作自己的家人，因而能够处处为乘客打算，提供最为周到细致的服务。她对公交车、对乘客所作的这种"角色"转换，正是她的严谨工作态度、用心服务态度的切实体现。没有对细节的重视，就不会有她为乘客提供的周到服务。

生活、学习中的细节则是青少年主要应当给予重视的，这将带给青少年严谨的学习态度，认真的生活态度。虽然青少年时期我们应该去享受生命的灿烂，却也不能忘记认真严谨带来的人生的沉淀，这会给我们的将来积淀丰厚的财富。

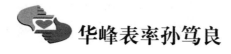 **华峰表率孙笃良**

【模范人生】

在华峰 20 多年的发展历程中，各个岗位上都涌现出了许许多多默默奉献的优秀员工。其中，有这么一群人，他们由大学生组成，在生产一线控制着产品的质量和产量，他们不善言辞，却用实际行动证明了对公司和工作的热爱。在这支队伍里，有这么一个人，他工作认真严谨，保质保量地完成领导交办的任务；他处事踏实，乐于助人，赢得了领导和同事的信任与肯定；他为人低调，从不炫耀自己获得的成绩和荣誉。先后荣获 2010 年"优秀员工"和"二级工艺操作员"的他，不仅诠释了工艺操作员特有的素质，也展现了"80 后"的自信与朝气。他就是鞋底原液车间 A1 班生产副班长——孙笃良。

2007 年下半年，初出茅庐的孙笃良来到华峰。刚走出大学校门的他在进入鞋底原液车间的那一刻，原先对于如何适应社会的担忧便消失得无影无踪。在这里同事之间相处融洽，真诚以待，车间领导把你当作自家孩子一样去关爱，了解你最近的工作情况，关心你的生活。在这样一个温暖的环境里，孙笃良很快适应了工作，也很好地融入了这个温暖的大家庭中。车间有着完善的新人传帮带制度，在这个过程中，新员工学到的不仅是工艺操作技能，更得到了企业文化的传承，孙笃良就是在这个传帮带的过程中学到了实事求是的工作作风和吃苦耐劳的主人翁精神。工艺操作员是重复性非常强的工种之一，而孙笃良的稳定操作完全可以用 2 个词概括：坚持、细致。比如交接班时各种配方和现场状态的检查尽管简单，但是能够长期坚持下来就会使员工养成一种良好的习惯，这就是稳定操作的基础。正所谓细节决定成败，一个细节的失误就有可能带来质量安全事故，所以要想做好操作，先要做细操作。

借由华峰提供的培训和技术平台，孙笃良逐渐成长起来，而他工作中的点点滴滴，A2班王兆武班长都看在眼里。做事认真，心思细致，有较强的创新能力，是一个不可多得的人才。这是王兆武对他的评价。

车间生产中大多数任务都是枯燥无味的，而且需要不断重复，但其中容不得一丝马虎大意。一旦操作员产生麻痹大意的心理，即使只是偶尔忘关阀门，也会在一定程度上影响产品质量的稳定性。有些操作员因操作失误而被扣考核分便会大发牢骚，抱怨不已，孙笃良却总在思考如何改变这一现状。经过调查，他发现操作中忘记阀门的开关等失误往往发生在生产繁忙的时候，于是，他将自己操作过程中的待办事项、特殊要求等按时间先后依次罗列出来，完成时打钩确认，并适时查看追踪表单。照此操作一段时间后，孙笃良发现自己的操作失误明显减少。后来，他将这一经验积极推广到全班组，让班组整体素质得到了提升。

孙笃良成长起来之后，自己也开始传帮带新人入职，他的一位徒弟泽红回忆说："记得我还在中间体当投料工时，有一次投加TA-20，一块塑料内膜撕裂掉进反应釜，正好被笃良看到，当时我们几个工人觉得只是一小块塑料内膜，没啥大问题，但笃良坚决要求我们先将塑料内膜钩出来再继续投料。我当时其实还不以为然，直到后来才真正认识到这种谨慎的重要性。车间生产必须严谨，特别要注意细节，必须杜绝麻痹大意的想法。笃良为了这件事还专门找到我们，讲解了原因。这件事情让我更加深切地体会到遵守车间规定的意义，也更加敬佩笃良为人处世。笃良每次过来抽料都非常认真检查，仔细监督每一步操作，还会指点一些操作的细节。他常常对我说：'不要心急，慢慢来，关键是要按操作规程去做。'笃良是我的传帮带师傅，他对我工作上点点滴滴的帮助和教诲，让我受益匪浅。"

孙笃良不仅注重自我完善，在对徒弟的教育指导上同样一丝不苟。他一共带过4个徒弟，对每一个人都恨不得将自己知道的东西一五一十地传授出去。对于操作中的一些问题，孙笃良为保证徒弟们可以真正熟记于心，常常不厌其烦地讲解几十遍。有人问他：每次都这么重复讲解不觉得累吗？他笑着说："累是肯定的，但看你如何去看待。我教别人，对自己也是一个巩固和提高，再说让更多的人掌握规范操作技术，对公司和个人都有好处，何乐而不为呢？"

一直以来，孙笃良都以高标准要求自己。他工作兢兢业业、勤勉务实、一丝不苟，在自己的生产岗位上为华峰的事业辛勤奋斗。

【精神榜样】

走路朝前看，做事往后想，谨慎的人脑后有眼。谨慎，才能头脑清醒；谨慎，才能抵御风险。做事一定要像孙笃良专注于车间工作一样认真、谨慎、细致，一点也不能马虎。永远谨慎一点，强过追悔莫及。对没有把握和有危险的事，要多思考；对有把握的事情，做起来也要谨慎小心，这样后悔的事就会少些。

 站着写作的海明威

【模范人生】

海明威是 20 世纪最著名的小说家这一，曾凭借《老人与海》获得 1953 年普利策小说奖和 1954 年的诺贝尔文学奖，他的《太阳照样升起》《永别了，武器》《表钟为谁而鸣》等同样是美国文学史上的精品。

海明威每天早晨 6 点半便开始聚精会神地站着写作，一直写到中午 12 点半，通常情况下一次写作不超过 6 个小时。他喜欢用铅笔写作，便于修改。有人说他写作时一天用了 20 支铅笔，他说没这么多，写得最顺手时一天只用了 7 支铅笔。海明威在自己埋头创作的同时，每年都要读点莎士比亚的剧作，以及其他著名作家的作品；此外还精心研究奥地利作曲家莫扎特、西班牙油画家戈雅、法国现代派画家谢赞勒的艺术作品。他说，他向画家学到的东西跟向文学家学到的东西一样多。他特别注意学习音乐作品基调的和谐与旋律的配合，难怪他的小说情景交融，浓淡适宜，语言简洁清新、独创一格。

海明威写作态度极其严肃，非常重视作品的修改。他每天总是在停笔之前把稿子修改一遍，全书写完后又从头到尾改一遍，草稿请人打字誊清后又改一遍，最后清样出来还要再改一遍。他认为这样 3 次大修改是写好一本书的必要条件，他说："你得感谢有这么多次不同的修改机会。"据说，他的长篇小说《永别了，武器》初稿写了 6 个月，修改又花了 5 个月，清样出来后还在改，最后一页一共改了 39 次才满意。《丧钟为谁而鸣》的创作花了 17 个月，脱稿后天天都在修改，清样出

来后，他连续修改 96 个小时，其间甚至没有离开房间。他主张"去掉废话"，把一切华而不实的词句删除。他的严谨、仔细由此可见一斑。

在不写作的时候，海明威往往在观察、搜索可能有用的东西。

他说："作家不去观察，就完蛋了。但是他不必有意识地去观察，也不必去考虑将来如何使用，开始的时候是这种情况。到了后来，他观察到的东西就会自然而然地进入他所知、所见的大仓库。"他试图根据冰山的原理去写作。冰山露出水面的只有一小部分，绝大部分是藏在水面之下的。"你删除你所了解的任何东西，这会加厚你的冰山。那是不露出水面的部分。如果作家所略去的是他不了解的东西，那么他的小说就会出现漏洞。"《老人与海》本来可以长达 1000 多页，把村里每个人都写进去，包括他们如何谋生、怎么出生、受教育、生孩子等。然而，他试图把一切不必要向读者传达的东西删除，"渔村里我所了解的一切，我都略去不写，但我所了解的东西正是冰山在水面以下的部分"。于是，老头儿、小孩儿、大海，构成了世界文学史上永恒的经典。

【精神榜样】

"站着写作"是海明威硬朗文风的来源，更是他严谨、勤奋的写作态度的体现。埋头创作，向艺术家学习，多次修改，长期观察，正是海明威成为著名作家的原因。对于作家来说，灵感与才华是重要的，然而没有了严谨与勤奋，一切都无从谈起。平凡与伟大之间的差距，就在于能否将严谨与勤奋的态度、将关注细节的精神一以贯之。

第三章

慎而思之，勤而行之

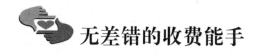

无差错的收费能手

【模范人生】

胡海霞自 1997 年毕业起，一直担任广东省高速公路有限公司广花分公司收费员。参加工作以来，她收的路费累计超过 2000 万元，却没有出现一分钱的差错。2006 年，胡海霞荣获广东省五一劳动奖章。

大收费站车流量大，工作强度大，容易出差错，很多人不愿去，胡海霞却干得有滋有味，总是比别人更认真地去做好工作的每一分钟。胡海霞每天至少要抽两个小时学习业务知识，此外，她还刻苦自学计算机知识，做了 8 万多字的读书笔记。在业务方面，她练就了钞票"一摸判别真伪"的本事。为了提高收费效率，胡海霞学会了粤语，掌握了收费系统基本故障的诊断和排除，对公司各种规定对答如流，对各种车型了如指掌，出口单车处理速度最快达到 4 秒，比公司规定的 12 秒快了 2/3。收费站系统不断升级，她始终是单位最佳技术能手。同事遇到问题总愿意向她请教，她也因此成了收费站里公认的"活字典"。成为业务尖子后，胡海霞主动担任公司的培训教员，把业务知识、收费经验手把手地传授给新员工。几年来，她培训新员工 100 多人，不少"徒弟"也成为"百万无差错"的收费能手。

"应征不漏，应免不征"，是高速公路公司提出的收费服务理念。要做到这一点，收费员往往要受许多委屈。有一天，一名司机驾车过站要求免费，但该车并不符合免费要求，为使司机配合工作，胡海霞微笑着向司机仔细解释相关规定。没想到这时车上下来一位孕妇，指着她破口大骂，在收费站大吵大闹。胡海霞强忍着眼泪，小心地把孕妇扶回车上，又继续耐心地说服司机。司机深受感动，爽快地补了票，并向胡海霞道歉。

工作这么多年，胡海霞没有回老家过一次春节，每逢重大节日，她总是坚守岗位。南来北往的司机们打心眼里喜欢她，都爱叫她一声"辣妹子"。胡海霞对工作勤勤恳恳、认真负责，无愧于她所获得的荣誉。

【精神榜样】

工作马马虎虎、得过且过，对违规行为睁一只眼，闭一只眼，类似现象在社会上比比皆是，人们互相寒暄，也常常说"别太认真""不必那么认真""差不多就行了"。然而，有多少人能领悟到自己的日常生活是精彩而充满意义的？能够明白只有认真努力，才能换来成长进步的机会与光明的未来？青少年应该牢记：勤奋严谨才是工作中最重要的实力体现，它比证书、资历，更能证明一个人的价值，是一种不打折扣的"硬实力"。

铁路上的"神尺子"

【模范人生】

呼和浩特铁路局包头车辆段，在宽大的车间里，有上千个火车车轮，它们都是"患病"在这里检修的。全国劳动模范刘怀玉手拿小手电筒、标尺在车轮间摸索着，专注的神态，像是寻找着掉在地上的一根针。

见到刘怀玉，才知道什么是认真、勤奋与负责。刘怀玉是轮对检查员，在货车车辆检修中，轮对选配是个单调枯燥的活儿，他每天都要上百次地检查测量轮对工艺尺寸，有的尺寸限度只有0.5毫米，稍不留神就会出差错。为了克服这一难题，刘怀玉就随身带着一个小手电筒，每次配轮都要照着标志牌一一核对，从不放过任何一个工艺尺寸，只要发现不符合标准的，他就要对轮对加工返修。几十年来，经他检查、测量、选配的轮对有40多万条，无任何责任行车事故发生。

刘怀玉的工友们说，只要看到刘师傅在，我们心里一下子就踏实了。这么些年，刘师傅每天坚持第一个进段、第一个到岗、最后一个离岗，不为别的，就是为了有充足的时间检查量具，做好上岗前的准备工作；就是为了下班前看看工作场所的风、水、电、气开关和阀门是不是关好了，有没有跑、冒、滴、漏现象。

刘怀玉最喜欢的一句话是"活到老学到老"。从走上岗位的第一天起，他就坚定一个信念：做一名有知识的工人。为了练就过硬的业务本领，他潜心钻研、认真攻读各种业务书籍，规定自己每天晚上必须背熟20道业务题才能睡觉。如果工作中遇到棘手的技术问题，他总是及时查找专业资料，或向老师傅们请教，尽一切可能立即解决，绝不拖延。

过去，车间换下来的废旧配件和材料扔得到处都是，既影响生产又造成了很大的安全隐患。于是，刘怀玉就利用午休时间，一个人悄悄地把配件收拾整理好，然后把下午用的配件材料一车车推到岗位上，摆放整齐备用。每天工作之余，他还会把别人用完扔掉的布头捡回来，洗洗接着用；地上有丢弃的废旧配件，也随手捡起来，放进废品堆里。看到每天画标记用剩的粉笔头扔掉可惜，他就用铁片做个粉笔夹夹着用。这么多年来，刘怀玉收旧利废为段里节支降耗20多万元，累计义务献工有17000多个小时，若按照一般的8小时工作制计算，相当于多干了2000多个工作日。

刘怀玉不愧是个好工人、好劳模，他的认真谨慎、勤奋负责为全段的工友们树立了学习的榜样。

【精神榜样】

个人的成长、企业的成败，乃至一个国家综合实力的形成，都离不开严谨。然而，或许是因为严谨这两个字我们听过太多次，反而忽略了它的价值和重要性，有些人甚至厌烦与之有关的所有"说教"。从古至今，世界上没有一个人是靠马虎和敷衍就能成功的。刘怀玉之所以能取得成功，是和他对待工作的那种认真负责、严谨勤奋分不开的。

 燃气用户的贴心人

【模范人生】

徐辉是合肥燃气集团蜀山区服务所所长，曾任集团第一个维修站西园维修站站长。作为面对千家万户的窗口行业，"让用户办顺心事、用放心气"是合肥燃气集团管道公司的服务宗旨，也是徐辉所坚持的服务理念。徐辉公开承诺：西园维修站维修服务及时率、处结率、满意率做到 3 个 100%！为此，徐辉准备了 3 个工具包，分别放在维修所、西园维修站和家里，一旦接到报修电话，他背上工具包立即就可以出发。

徐辉 1990 年进入合肥燃气集团工作，主要负责燃气维修。二十几年来，只要用户找到他，他一定会尽心尽力及时帮忙解决。"没有气，就不能做饭，能不着急吗？我能帮上的当然就帮了。"这是他最质朴的解释。为尽快赶到现场帮用户解决问题，工作第三年开始他申请了 3 个工具包。形影不离的工具包，让他随时都能为用户服务。

2002 年冬的一天，徐辉 16 岁的儿子正等着爸爸回家吃晚饭，徐辉却在省测绘局大院一栋黑暗而寒冷的楼道里苦苦等待着。原来，这个大院里的刘先生下午打电话报修，但徐辉到的时候，刘先生还没下班。一直等到晚上 7 点，刘先生才匆匆赶回家，而故障排除后已是晚上 8 点多了。2006 年夏天，徐辉有一次在解放军电子工程学院正常检修后准备离开，经过一段下水道时，他忽然停下，仔细地闻了闻，随后，谨慎的他蹲下身子检查了一番，果然发现一段天然气管道已经

严重腐蚀。徐辉立即进入狭小的下水道里开始维修。由于天气太热，下水道中腐败气味令人作呕，而且闷热潮湿，修理好后徐辉差点儿晕倒。

在徐辉眼里，对顾客的周到服务要落实到每一次的细节中。"现在用户都非常忙，最好的服务就是送到家门口。"这个想法让徐辉在2000年成立了"徐辉假日服务小分队"，起初是每月服务一次，由4~5个小分队成员带着一块牌子、一张桌子，在周末深入宿舍或小区，为用户义务维修灶具并宣传安全知识。现在，燃气集团管道供应公司的200多人全是中国注册志愿者，假日服务小分队每个双休日都出动。

"服务小分队方便了用户，但徐辉因此更忙了。"有同事算了一笔账，徐辉是维修所副所长，双休日两天中，有一天他要值班，另一天有半天是小分队服务的日子，徐辉每次必到场，只剩下半天时间是自己的，但这半天中一般都会有用户"点名"要徐辉去服务。"可以说，一年365天，他天天都在工作。"

徐辉没有做什么了不起的大事，他只是在维修工这个平凡的岗位上做着平凡的工作，但能坚持这么多年，时刻为用户准备着，若没有严谨认真的工作态度，没有勤恳扎实的工作作风，能做到？在人们谈论徐辉的话语中，听到最多的就是对徐辉的赞扬。

【精神榜样】

每个人都有自己的职责，医生的职责是救死扶伤，军人的职责是保卫祖国，教师的职责是培育人才，工人的职责是生产合格的产品……社会上每个人的位置不同，职责也有所差异，但对每个人有一个最起码的要求，那就是：把工作做好。

具体来说就是要做到严谨认真、勤勤恳恳、兢兢业业、务实冷静，这是做好一切工作必备的准则。

　　青少年要带着谨慎的态度去学习、去参与社会实践，像徐辉在检修过程中那样细心观察生活，多思考、勤动手；徐辉通过谨慎勤奋的工作获得了事业上的成就，我们青少年将通过这样的处事态度取得学业上的突破，实现人生的价值。

 产业工人的"领头雁"

【模范人生】

20 世纪 70 年代初，初中毕业的孔祥瑞成为天津港的一名码头工人。"没有学历行，没有知识不行"，看到师傅因为技术好特别受同事的敬佩，孔祥瑞决定"干就干出个样来"！他开始主动研究技术，一有空闲就把一些坏了的机械部件拆开，弄懂里面的结构。慢慢地，他成了队里的"能人"。

一天早晨，正赶上装船，一台门机坏了。当时交通、通信都不便利，把维修工找来用了 3 个小时也没修好，又去请高手来修，整整花了 8 个小时。这件事让孔祥瑞暗下决心：一定要把门机维修技术拿下来。带着勤恳认真的学习态度，不管是理论还是实际操作，孔祥瑞他都"拿下"了，他成为队里第一个任何型号的门机都能开、台台都会修的多面手，"门机大王"的称号也在工友中叫响。

提到孔祥瑞的工作秘诀，他说自己有"三必改"——存在安全隐患的必改，不适合生产的必改，不便于维修保养的必改。

1999 年 7 月的一天，阳光充足，作业现场地面温度已达 40 摄氏度。在码头最西端，1 号门机突然停止作业，接着亮光一闪，一声巨大的闷响随之而来，只见门机拦腰处冒出青烟——门机滑环短路！这天，孔祥瑞在职工培训中心参加港口电工等级证书培训，得到消息后他急忙赶往现场，第一个钻进了机房。机房内 50 多摄氏度的温度使人流汗不止，但他似乎已经没有知觉，直到深夜 2 点才将故障修复。但孔祥瑞并不认为自己的工作到此为止,为了防患未然"治未病",他认为必须改进设备,于是,第二天他就带领几个技术骨干成立了攻关小组,要对中心集电器进行国产化技术改造。在几个人许多个日日夜夜废寝忘食的努力下,孔祥瑞带领的攻关小组,使用汽车的方向传动轴作为中心集电器的联接,改进了设备,从根源上解决了滑环短路的问题。2003年,这项技术改造成果被国家知识产权局批准专利",并被上海港机厂应用在了新产品中。

大伙都觉得孔祥瑞懂的东西不少,可他自己总觉得底气不足:"我最早接触的门机眼看着就被一套套先进设备所取代,我嘴上不说,心里却有'危机感',工人可不能被机器淘汰!要是我们的知识不能适应先进设备,再先进的设备引进来,不就是废铁一堆吗?"

2003年12月,孔祥瑞从六公司门机队调到煤码头公司,煤码头公司总经理史文利把价值8亿元的机器交到他手里,没有一点儿不放心,对他说:"机械设备是相通的,你能操作好门机,肯定就能操作好系统化设备。"果然,孔祥瑞一来就跟技术科的同事们刨根问底,把这些先进设备操作及原理都弄得一清二楚,本着"再先进的设备也有不尽如人意的地方,要针对它的缺点改造它、完善它"的想法,孔祥瑞对这些设备也照改不误。

由于长期在港口的寒风中操作门机,孔祥瑞患有滑膜炎,长期忍受着关节处的疼痛,可是在固机队当队长时,18台门机,每台花半个小时,孔祥瑞坚持每天检查,一趟下来至少是6个小时。

在天津港40多年的工作生涯中,初中毕业的孔祥瑞创造科研成果150余项,为企业创造效益8400多万元,成为我国著名的"蓝领专家"。孔祥瑞干好了自己的工作,这使他不仅成为一名优秀的员工,还成为同事们的学习榜样。对于企业而言,孔祥瑞这样的员工是带领大家共同进步的"领头雁"。

【精神榜样】

世界上任何伟大的成就无一不是靠严谨和坚持换来的。一个人的能力再强，如果不能认真地去工作，就不可能创造伟大的成就。而一个认认真真、全心全意专注于工作的人，往往会因为认真而收获更大的成就。只有养成认真的习惯，我们才能提高效率，才能充分展现自己的能力，才能在自己的人生中获得成功。学会认真，养成严谨认真的习惯，无疑是每个人事业道路上最重要的必修课。

做好大海航行的"指针"

【模范人生】

他，是青岛百年灯塔近 40 载的坚定守护人；他，是部队机关学校争相聘请的资深辅导员；他，是社会帮扶济困的热心志愿者。他不仅在黑夜迷雾中为漂泊的船只引路导航，还身体力行地用平凡的点滴奉献他人、感染他人。他就是王炳交，中国天津海事局青岛航标处团岛灯塔塔长，青岛市第十二届政协委员。他连续多年被评为青岛市十佳职业道德标兵，青岛市市级机关优秀共产党员，青岛市劳动模范，并先后荣获全国五一劳动奖章和全国劳动模范称号。

团岛灯塔地处胶州湾咽喉要道，是船舶进出青岛港的必经之地。该塔集灯光、音响、无线电导航设备于一身，设备多、要求高、责任大，进出胶州湾的船舶都要依靠它进行定位、导航和转向，安全助航作用十分重要。作为团岛灯塔塔长，王炳交像爱护眼睛一样精心呵护灯塔，忘我工作，以塔为家。他凭着一股钻劲，带领灯塔职工苦干加巧干，哪怕对于灯塔上的一个灯泡、一根保险丝、一块散热片等他都谨慎对待，小心维护，多年来革新成果达 10 多项，为国家节省了大量的航标经费。他还自告奋勇地做起了灯塔的义务讲解员，牺牲自己的休息时间为慕名而来的全国各地游客介绍灯塔的悠久历史，累计接待 1 万多人次。耸立在海岬上已有 112 年的团岛灯塔被列为全国重点文物保护单位，这是让王炳交颇为自豪的一件事："灯塔能这么完好地保存到今天，有我的一份功劳。"

　　凭借多年的航标工作经验和对于团岛深入细致的调查研究，在青岛市第十二届一次会议期间，王炳交提交了"关于重视和保护助航设施案"，阐述了当前形势下做好安全助航、应急服务工作的重要性，就青岛航标人如何更加优质履职，社会上如何增强法律意识、营造重视和保护航标氛围等方面提出了建议。在主办单位青岛海事局的积极参与办理下，为港口和航道设置助航标志、在董家口港区成立董家口航标管理站并配备相应辅助设施对董家口港及其附近公用航标进行及时保障和日常维护管理等已纳入海洋规划决策。在市检察院等部门的恳谈视察活动中，王炳交结合自身专业积极献策，提出了诸多切实可行的建议。

　　王炳交委员不仅是航标业务的行家里手，更是"点亮自己，照亮海疆"的灯塔精神的践行者，是爱岗敬业、无私奉献职业道德的传播者。"虽然工作很忙，但是我很乐意将自己的经历同大家分享。能为社会精神文明建设出一份力是我的荣幸，今后我将继续在这条路上走下去。"王委员如是说。他常年被92664部队聘请为政治教员，被青岛理工大学等高校聘请为校外辅导员，在青岛航标处团岛灯塔站建设"德育宣传教育基地""党建活动基地"，带学生、官兵参观荣誉展室，讲解灯塔的相关知识；他经常受邀为本地和外地的机关、学校、部队、企业团体作报告，在部队的操场上，在学校的讲堂里，在机关企业的会议室中，他一次次用自己朴实无华的语言、宠辱不惊的态度、平凡而又高尚的事迹为大家讲述一个农村小伙由新兵蜕变为全国劳模的不凡历程。党性的坚定不移，对业务的不懈钻研，对岗位的无悔坚守让4万多听众感受到饱经风霜但矢志不移的平凡劳动者的不平凡本色，给人以很大的启发和警醒。

　　"业余时间能把自己的技能和品格无私奉献社会，帮助更多需要帮助的人，既是我作为一名劳模应有的觉悟，也是作为一名政协委员义不容辞的责任。"王炳交积极参与青岛市总工会组织的"劳模精神进企业、进校园、进社区"活动，发挥特长，多次利用休息时间为社区居民义务提供小家电维修、自来水管道维修服务，为学生提供宣传咨询、普及航标知识；他通过劳模协会踊跃参加"劳模携手、共创和谐"活动，与困难劳模结对，为有困难的劳模在物质和精神方面提供力所能及的帮扶和服务；他密切关注残疾困难群体，利用节假日为残疾人捐款1000余元，并捐赠大米、花生油、面食等物品，利用自己技术专长为他们解决生活中遇到的实际困难。

王炳交以其出色的成绩、高尚的品德、钻研的精神、负责的态度为我们展现了新一届政协委员爱岗敬业、服务社会的崇高形象，诠释了新时期诚实守信、甘于奉献的全部内涵。

【精神榜样】

守护灯塔的日子简单而又枯燥，但王炳交依旧把这些日子"演绎"得多彩多姿。很多人认为王炳交的工作没有什么技术含量，但是王炳交不这么认为，他仍然以认真、严谨的精神投入到自己的工作中。"灯明标亮，准确护航"——这是王炳交坚守着的职业道德。多年来，团岛灯塔的发光、发声、发讯率及维护正常率几乎年年高于标准要求，保持在100%，这得益于他对灯塔所倾注的满腔情感，得益于他对灯塔的谨慎维护和几十年如一日的辛勤守护。我们青少年可以从他身上学到认真与坚持，学到谨慎与专注，将这样的精神运用到我们的生活、工作与学习当中，我们将得到极大的帮助。

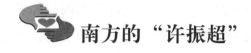 南方的"许振超"

【模范人生】

从一名普通工人成长为高级技师，多次荣获省部级和国家各种荣誉，被人们誉为南方的"许振超"，他就是广东省韶关钢铁集团有限公司的罗东元。

罗东元熟练掌握钳工、焊工、管工、油漆工等多个工种的技能，并精通电气控制等理论，他每天都坚持工作15个小时以上，以致住在对面楼里的一位女职工在一次上班的路上对他说："罗师傅，我对面一住户家里总是亮灯打麻将到天亮，领导咋不管一管啊？"罗东元问清那户人家的位置后，抱歉地告诉她："不好意思，你指的是我家，我在工作。"

谈起罗东元，有这样一个故事。1988年，罗东元参加了韶钢举办的"钢化杯"电力知识大赛，参赛的都是厂里的工程师、技术员。由于题目难，评委估计考到75分就可以得冠军，可罗东元考了94分，高出第二名20多分。一天，罗东元被叫到大赛办公室，评委对他并不信任，要求他重考，题目照旧，时间减半。罗东元没有为自己争论或辩解，只是按照要求做起卷子来。而当他把3张试卷都交上去后，评委们彻底信服了。罗东元既没有文凭，又没有学过电气理论和维修技术，怎么能考出这么好的成绩？评委们哪里知道，这是罗东元多年来苦心学习的结果。

1993年，我国引进"JD型车上转换装置"专利技术，在杭州钢铁厂的作业现场，细心的罗东元发现，日本的专利技术也不完善：在主要运行方向，只能靠司机在运行中扳动设在路边铁架上的手把来控制道岔，存在一定的危险性。而且在这段时间内，如果车辆是推送作业，前方的联络员就要早早爬到铁梯上等待扳动手把，如果前方无人瞭望，这种方式对于操作人员和车辆运行来说是极不安全的。

既然发现了问题，罗东元开始构思比这项半自动技术更为完善的控制方案。回到韶钢，他带领一批技术骨干对这套装置进行了脱胎换骨的改造。除了保留其机械部分外，对其电路部分则全部重新设计。1993年11月3日，这项达到国际领先水平的冶金企业铁路道岔全自动控制新技术在韶钢诞生了。

在韶钢道岔自动控制现场，专家们看呆了——没有扳道工，机车却能灵活自如地运行，对前方道岔的控制完全是自动化的。这个神奇的发明就是罗东元研究的"铁路道岔全自动转换装置"。多年的使用证明，罗东元的发明安全高效、性能稳定。

20多年来，罗东元共完成大小革新项目120多项。目前，罗东元的发明创新技术已成功地运用于韶钢铁路运输的技术改造中，为韶钢创造了良好的经济效益。

【精神榜样】

很多人内心尽管强烈渴望像许振超、罗东元等一样把事情干好，却忽视了他们获得成功的法宝就是看似再简单不过的"严谨"二字。在技术日趋进步、分工日趋精细的现代社会，要想出色地完成一件工作、一桩任务，都离不开认真负责、一丝不苟的精神。

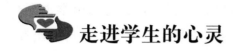 **走进学生的心灵**

【模范人生】

全国十大杰出教师、全国模范教师、辽宁省功勋教师、全国五一劳动奖章、大连市劳动模范……这一长串的荣誉都属于同一个人，这个人就是董大方。

提起董大方，大连世纪中学的教师和学生都竖大拇指。她是一名普通的数学教师，在她从教的20多年里，无论什么样的班级，经过她的指导都会变得蓬勃向上，无论什么样的学生，到她的班里都会有很大的进步。

前几年，董大方接了一个新班，第二天这个班就让她开了眼。几个学生把赵本山的小品《卖拐》"卖"到了课堂上，全班同学笑得前仰后合，让身为老师的董大方好不尴尬。她心里清楚，这是一个下马威。望着这些可爱又可气的孩子，董大方在心里发誓："这个班，我带定了。尤其是那些后进生，他们正徘徊在十字路口，我得引导他们走好路。"

这个班初一上学期换了好几个班主任，班级及格率与同年级其他班级相比差了40个百分点，平均分低30多分。她接班之后，打击的话、风凉话、鼓励的话一齐扑来，很多朋友劝董大方"你和旁人不一样，那么多荣誉，别整砸了"，但她坚持接下这副担子。

董大方认为，人民教师要为每一名学生的终生发展负责，要把每一名学生都当作具有独立人格的人去平等对待，要用心灵与他们"约会"。在接任该班班主任之后的两年里，她推掉多次外出学习参观的机会，尽量增加与本班学生的沟通与交流。从接班的第一周让学生顶撞30多次，到与学生成为好朋友，她与每位学生都有一个心灵沟通本，这个本子记录了她每天与学生的交流。她自己出钱为学生们订一份报纸，自己出钱为学生买书，在她的真诚感化下，班级的学习、纪律，发生了巨大的变化。孩子们懂事了，要强了，学习成绩也上来了，毕业时班级数学成绩居学年第一，平均分数高出全年级10多分。

除在学生身上下功夫，董大方更不忘在教学工作上勤奋钻研，力求通过教学方法的改进吸引学生专注于学习。她悉心探索研究问题教学法，在班里成立了学生教研组，学生成了"研究员"。从方法到思路上的突破，使学生的负担轻了，学习兴趣浓了，一个个厌学学生"主动归队"，重新燃起自觉学习的热情。董大方只是一名普通的中学教师，但是她在自己的教学岗位上，认真履行自己的工作职责：关心学生、注重方法、敢于担当，她将自己的教师工作做到了极致。

【精神榜样】

但凡有成就的人，都有一个共同的特点，那就是做事严谨、勤奋认真。正因为这种细致勤恳的态度，他们的能力不断提高，发展平台也不断扩大。一个人能力再强，如果他做事不细致，就不能为社会和组织创造价值，而一个愿意为社会和组织全身心付出的人，往往能够在行事中贯彻落实谨慎认真的原则，踏踏实实地把事情做好、做到位。青少年们，从现在起应该养成严谨踏实的习惯，为将来的人生道路做好坚实的铺垫。

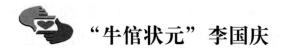

"牛倌状元"李国庆

【模范人生】

有这样一位土族青年，他年近不惑、个头高大，脸膛微黑而透红，健康壮实得像头牦牛；1986年，他子承父业参加工作，如今被誉为大通种牛场的"牛倌状元"，他就是李国庆。

李国庆凭借对畜牧事业的满腔热忱和挚爱，公而忘私，长期默默地工作生活在海拔4000米、气候条件十分恶劣的畜牧生产一线，苦干了20个春秋，把整个青春都无私地奉献给了草原和牦牛育种事业。

李国庆所在的育种三大队，是该场生产和自然条件最为艰苦的一个畜牧生产队。为了牦牛育种的需要和防止品种退化，多年来，他们沿用落后的放牧手段，背着帐篷、锅灶，跟着牛群逐水草而居，一年冬夏两季轮牧。在牧场，新鲜蔬菜吃不上，油、盐、酱、醋、茶有时也供应不了，吃白水兑面的事情都不稀奇，好在李国庆有一种特别能吃苦、特别能战斗的工作精神。

在产犊季节，李国庆和妻子常住在牛棚里，不分昼夜地细心照料每一头牛犊，时常把牛犊抱在怀里、放在热炕头上给它取暖。在放牧工作中，着重从抓膘、配种、产犊3个环节入手，不失时机地安排草场精心管理，因此他放牧的牛群每年损亡最少，繁活率最高，生长发育好，膘情最壮。2004年5月的一天中午，有头牛难产，李国庆顾不上吃饭，骑上马赶到50公里外的县牧场请来兽医，守着母牛直到傍晚五六点钟，母牛才顺利产下牛犊。产下牛犊后母牛根本顾不上刚出生的小牛犊挂吊针，他怕把小牛犊冻死，像对待自己的孩子一样把它抱到炕上，小心翼翼地亲自给它喂奶，全家大小忙活了整整3天。

提起李国庆，牧工群众都会情不自禁地伸出大拇指称赞他。他倾心帮助有困难的职工，赢得全场职工家属的好评。自担任治安联防组组长以来，草场、围栏设施的保护、防火、防盗就成了李国庆的一项每日例行工作。该场育种三大队与海晏、祁连、门源县相邻，夏天放牧的牛群经常跑到海晏等地的草场上，稍不留意牲畜就可能丢失，李国庆经常主动帮助他人寻找走失的牲畜。一次，牧工姚福得的畜群走失了15头牦牛，为找回这些牛李国庆和姚福得背上炒面，骑马在海晏、祁连地区四处打听，风餐露宿十几天，终于找回了丢失的15头牦牛，为场里和姚福得本人挽回近万元的经济损失。2005年春，牧工张师傅和吉福来两家赶着羊去走圈，因大雪封山回不来，留在家里的40多头牦牛因草料不够面临困境。李国庆知道后，主动上门将牦牛牵到自己的圈里带养，牦牛病了，生产、繁活犊牛的事他也都要操心。

多年来，李国庆数次被评为先进生产者和优秀党员；2005年被授予全国劳动模范光荣称号。

【精神榜样】

雷锋曾在他的日记里写道："虽然是细小的螺丝钉，是个细微的小齿轮，然而如果缺了它，那整个机器就无法运转了。有时候就算是一颗小螺丝钉没拧紧，一个小齿轮略有破损，也会使机器的运转发生故障。"我们每个人的工作也许如螺丝钉般不起眼，但不能因此而懈怠工作。青少年应该以李国庆为榜样，严谨细致地对待学习和生活，哪怕做一颗镙丝钉，也要做拧得最紧的那颗！

"知道就是知道，不知道的你不要猜"

【模范人生】

世界著名物理学家、获诺贝尔物理学奖的美籍华人丁肇中在接受中央电视台《东方之子》采访时，曾对很多问题都表示"不知道"。

记者首先问了这样一个问题："我感觉您对自己每一个人生阶段都有很明确的选择。比方说小时候对科学、对科学家感兴趣；大学的时候，就锁定了要研究物理；然后每做一个实验也是力排众议，自己坚持下来。一个人怎么能够每一次选择都这么坚定和正确呢？"这位记者想要获得的答案谁心里都明白，无非要引出关于信仰、信念的追求这类冠冕堂皇的话。然而，丁肇中的回答是："不知道，可能比较侥幸吧！"

记者追问道："在这里面没有必然吗？"丁肇中依然回答："那我就不知道了。"记者还是不死心："怎么才能让自己今天的选择在日后想起来不会后悔？"丁肇中依然回答："因为我还没有后悔过，所以我真的不知道。"记者无奈道："我发现在咱们谈话过程中，您说得最多一个词就是'不知道'。"丁肇中这次终于给出了一个正面回答："是！不知道的，你是绝对不能说知道的。知道就是知道，不知道的你不要猜。"

丁肇中为南航师生作学术报告时，面对同学的提问又是"三问三不知"："您觉得人类在太空能找到暗物质和反物质吗？""不知道。""您觉得您从事的科学实验有什么经济价值吗？""不知道。""您能不能谈谈物理学未来 20 年的发展方向?""不知道。"三问三不知!这让在场的所有同学都感到意外,但不久全场就报以热烈的掌声。

丁肇中的严谨的确达到了常人难以想象的地步。然而,这就是作为科学大家的丁肇中,他认为不知道的就一定要回答"不知道"。

也许,一些人把说"不知道"当作是孤陋寡闻和无知的表现,但丁肇中的"不知道"体现着一种做人的谦逊和科学家治学的严谨,令人肃然起敬。

其实,丁肇中大可不必说"不知道"。他可以用一些专业性很强的术语糊弄过去,可以说一些不着边际的话搪塞过去,甚至还可以委婉地对学生说:"这些问题对于你们来说太深奥,一两句话解释不清楚。"但是,这位诺贝尔奖得主选择了最老实、最坦诚的回答方式,而且表情自然、诚恳,没有矫揉造作,没有故弄玄虚,也绝没有"卖关子"。丁肇中坦言不知道,不但无损于他的科学家形象,反而更突显了他的严谨。

【精神榜样】

古人云:"知之为知之,不知为不知,是知也。"对不知道的事情,我们不仅应当老实地承认"不知道",而且要敢于说"不知道"。美国现代物理学家费曼说,科学家总是与疑难和不确定性打交道。承认自己的无知,反而给自己的发展留有余地。学者只有秉持严谨的态度,才能不断地"格物致知",获得新认识,达到新境界。常言所谓"一事不知,学者之耻",其本意在于鞭策学者不断求索,不断进取。我们青少年要懂得慎言自己的所知,坦言自己的无知,以诚恳踏实的态度对待学习和生活、对待社会实践,处事严谨认真,将给我们带来信任与赞同,帮助我们更好地成长起来。

第四章

千里之行，始于足下

"水泵人生"也精彩

【模范人生】

徐林生是江西省贵溪市九牛滩水轮泵站的一名普通检修员。20多年来，徐林生就像他守护的水轮机一样，经年累月地踏实奉献，永不停歇地运转着，在最平凡的岗位上书写不平凡的人生。

徐林生1981年退伍来到九牛滩水轮泵站工作。水泵检修工作有其特殊性，夏天温度65摄氏度以上且不通风，冬天有时又要泡在寒冷刺骨的水中。有一年冬天，一台机组的水下部件坏了，天寒地冻，有人建议等到春天再修。徐林生想，如果拖到春天修理，不知要少发多少度电。他坚持检修，并带头跳进齐腰深的水中，干了3个多小时，终于使机器恢复运转。

1998年，贵溪市发生特大洪涝灾害，九牛滩水轮泵站遇到建站30年从未有过的考验，急需泄洪保闸。偏偏此时，有一道孔闸的启闭系统出现故障，若不及时修闸泄洪，孔闸可能被洪水冲毁。紧要关头，徐林生二话不说便系上安全带，冒着生命危险在洪水中排除故障，保住了国家财产。

每年汛期来临时，信江上游便会漂来动物尸体、树枝、芦苇、稻草和塑料袋等各种杂物。这些杂物若不及时清理，便会卷入水轮泵中，既损坏设备，又存在安全隐患。这些垃圾杂物臭味难闻，许多人见了都掩鼻而走，徐林生却主动揽下这份苦活，将那些腐烂的动物死尸、各类杂物一一打捞上来。

每个双休日，徐林生都要到站里走几趟，确保设备运转正常；放假时，他总是主动要求加班。就这样，徐林生一年工作日几乎是365天，20多年来却从没见他喊一声苦、叫一声累，他也从不向上级领导要求回报。某年夏天，正是"双抢"的大忙季节，站里不少人都请假回家干农活，没想到站里一下坏了6台机组，徐林生决定留下来。蒸笼似的高温转轮室里，机器轰鸣，徐林生挥汗如雨，这样一干就是两个星期，终于，6台机组都能正常运行了。可想而知等他赶回家里，已误了农时。

2001年，九牛滩水轮泵站水泵需要塑料推力盘，但仓库缺货。站里多次派人去南昌原生产厂家采购，没想到厂家已停止生产塑料推力盘。要知道，水泵一旦停转，2.2万亩良田的灌溉用水就无法解决。在这紧要关头，徐林生提出将塑料推力盘改用较硬的木制品代替。站里按他的这种办法试验，竟解了燃眉之急，确保了农田用水，也为该站节约维修资金6.2万元。

徐林生所在的水轮泵站，建于1968年，设备相对落后陈旧，不少机组超龄运行，检修任务非常繁重。为了在现有条件下最大限度地保证机组正常运行，徐林生没少费工夫。在平时工作中，他认真记录下每台机组的检查结果和各种资料，仔细分析，从中掌握规律，使得检修和保养得心应手，使全站机组完好率保持在95%以上。

徐林生认为，严谨细致地完成工作任务，将工作落实到位，才是创造业绩，才能得到结果。从事同样的一份工作，有人工作失职，而有人可以几十年如一日在平凡的岗位上，作出不平凡的贡献。他们的能力并没有区别，关键在于是否能够将工作做得精确。

在同样的工作任务面前，不同的人会有不同的工作效果，原因何在？工作不论价值高低，没有认认真真落实，那么一切都是空谈。没有将工作落实到位大致有两种原因，一是责任心的缺失；二是工作做了不少却没有抓住要点，不细致。

【精神榜样】

将认真、踏实、负责、细致根植于内心，让它成为我们日常行动和工作中一种自然而然的意识，这种意识会让我们在落实工作中表现得更加卓越。

当你的工作不被别人认可的时候，你首先应问问自己，是否为这份工作付出了很多，是不是每次的工作任务都落实到位了。选择落实自己的工作责任，就一定能收获辉煌业绩。

青少年要学会从眼前开始一步步踏实前进，将认真、负责贯穿于细致、专注的学习和社会实践中，从而不断完善自己、发展自己，最终实现自己的人生价值。

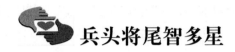 **兵头将尾智多星**

【模范人生】

曾鹏是北京吉普汽车有限公司装焊车间生产班班长，1992 年刚进工厂的时候，师傅对曾鹏说过一句话："咱们当工人的，要多干活，少说话。"当时，车间工作非常辛苦，曾鹏经常是 8 个小时一口水也喝不上，一小会儿也休息不着。可是，这么玩命干的结果是什么呢？生产的车照样卖不出去，产品的质量还不断下滑，不少客户反映他们生产的车质量粗糙。

于是，曾鹏开始思索：为什么我们会出现这种情况？发达国家的汽车企业，生产能力高出我们几百倍之多，但质量非常稳定；我们加工的产品数量不如人家，而且还经常出现质量问题。照这样下去，我们岂不是永远都会落在别人后面！看来，光靠苦干，"多干活儿，少说话"是行不通的。"多干活儿，少说话"，是老师傅们身上的闪光点，是任劳任怨、无私奉献精神的体现，自己作为一名青工，无疑要把这种精神传承下去。但是，在知识经济时代、在科学技术是第一生产力的今天，还必须提倡巧干，通过改进创新来提高工作效率，确保产品质量。曾鹏在思考，怎么做才能把这种认识传递给大家呢？

1998 年，机盖班班长歇产假，工段领导决定，由曾鹏代理班长职务，负责班组管理。曾鹏意识到这是一个机会，他在代理班长期间制定了一份班组管理制度——《职工日常行为规范》，提出 6 条要求，叫作"一巧、二学、三定置、四抓、五记、六检查"，他特意把"巧干"

放在了第一位。

在倡议大家巧干的同时，曾鹏利用业余时间主动学习了"六西格玛"管理、"ISO9000 体系""精益生产"以及"9471 国际焊接标准"等先进的技术管理知识，为以后的"巧干"——技术技革铺路。为了保证责任落实到位，曾鹏分析每个工位容易出现的质量问题和设备的运行情况之后，设计制作了一张质量提示卡——《岗位质量提示卡》发给组员，让大家贴在每个工位醒目的地方，以起到"提示"作用，从而避免重复出现质量问题。

质量提示卡使用了一段时间以后，曾鹏根据提示卡在生产操作中的实际运用及其优缺点作出了进一步的思考。质量提示卡的主要作用毕竟只是"提示"，还不能从根本上防范质量问题，应该再研究一套质量控制方法与之相配合，把责任落实到个人，达到有效防范质量问题的目的。2000 年，与之配套的数码相机系统诞生了，曾鹏利用这个系统制作了一套"工位装配流程"，有效实现了对质量问题的防范。

作为从代理班组长制定《职工日常行为规范》，到正式担任班组长工作推出"岗位质量提示卡"和制定"工位装配流程"，"智多星"曾鹏终于使班组管理工作告别粗放，建立起了质量经济责任考核制度，使班组工作踏上了规范化、科学化管理的道路。

【精神榜样】

"多干活儿、少说话"的奉献精神是值得传承的，但曾鹏并不满足于此，在工作过程中多了点思考，多了点严谨，积极主动地去工作，从而真正将工作落到实处。善于思考、严谨坚持是曾鹏通向成功的通行证。青少年要明白，没有人能保证你成功，只有你自己；也没有人能阻挠你成功，只有你自己。成功的机会不会白白降临，只有做事严谨细致，从眼前的细节、从当下的小事做起，我们才走上通往成功的道路。

 **国防科研领军人**

【模范人生】

1974 年，王小旋脱下心爱的军装，成了军工单位的一名普通工人。一次，上级给济空某航空中心修理厂下达了紧急研制某项工程的任务。当时王小旋刚刚随迁到该厂，领导从档案中了解到他曾经参加过计算机专业培训，便把他从车间抽调进课题组。此项工程是我军第一代机载计算机设备，对于该厂，这是第一次接受这么重大的科研任务，对王小旋而言，更是首次负责这种既要参与研制又需亲自改装和伴随保障的新型科研课题。此外，就在他们紧锣密鼓的研制过程中，再次传来飞行训练中发生事故的消息，上级于是要求他们"加快研制、同步改装"。王小旋和课题组人员昼夜不停地奋战整整两年，终于如期完成了我军第一代某型机载计算机设备的研制和改装任务。尽管如此，但是高度的责任感使王小旋同时体会到一种强烈的危机感：中国的国防科技太落后了，亟待改进！

此后，王小旋坚定了献身国防高精尖端科研的决心和信心。时常拿国内的航空事故提醒自己，拿国外的先进科技激励自己，让自己始终处于一种警醒、奋进的状态。在这种危机感之中，王小旋拼命学习相关知识技术，踏踏实实地在提高自己技术理论水平的道路上稳步前进。王小旋逐渐成长起来了，实力也得到上级的认可。1995 年 4 月，他被聘为该厂新组建的科研所所长，主持"飞行参数记录与处理系统"（俗称黑匣子）的研制和定型生产。按常规，这项科研课题应由至少

100人以上的专门机构来承担。然而，他们课题组一共6人，其中4人是第一次进课题组的新手。尽管有着各种各样的困难，但课题组没有退缩，始终把上级交办的任务铭记于心，决心研制出符合上级要求的"体积小、功能多、采集信号全、安全可靠性高"的"黑匣子"，以确保其能够在在战机上投入使用。

高度的责任感让王小旋毫不畏惧，长期以来培养形成的严谨意识更是让他能够稳扎稳打地推进方案的研制。无论是研制阶段的总体设计、分项设计、软硬件设计，还是定型生产后的焊接、调试、组装、试飞、维护等，他们都亲力亲为，反复试验，力求做到万无一失。

苦战两个月后，终于传来喜讯：他们研制的"黑匣子"不仅元器件减少了4/5，成本降低3/4，而且体积缩小4倍，记录容量却增加了4倍。它标志着我军从此有了自己的具有国际先进水平的"黑匣子"。

但是，王小旋并未就此放松，而是进一步思考：新的"黑匣子"要是与原有机载设备不兼容呢？事实证明，二者之间的确存在干扰。王小旋百思不得其解，只好将近百个焊接点一个个点开，逐点排查后再一个个焊上。经过半个多月的探索，他们终于排除干扰，进一步提升了"黑匣子"的质量。

如今，王小旋领衔研制的"黑匣子"已经批量装备于空军和其他军种的众多战机上，为提高部队航空维修水平和飞行训练质量、保证飞行安全等发挥了重要的作用，也使该厂成为首家地方工业部门生产配套机载设备的部队单位。

【精神榜样】

王小旋那种严谨坚持、自发将工作做到位的工作态度理应成为我们学习的榜样。学会积极主动、富有创造力地工作和学习，将工作做到位自发地完成任务，永远主动地将工作做到更好，青少年将因此而受益，获得更多的荣誉，取得更大的成就。

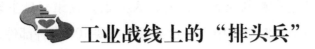

工业战线上的"排头兵"

【模范人生】

1950年9月，在中南海怀仁堂，毛泽东主席接见了全国工农兵劳模代表。其中，时任全国总工会副主席的李立三向他介绍马恒昌时，毛主席像见了老朋友似的微笑着说："我知道，我知道，我知道。"

这个为主席所知的马恒昌，只是一名最普通的工人。1949年年初，马恒昌所在504汽车厂移交给东北人民政府工业部机械工业局，504汽车厂更名为沈阳第五机器厂。

更名后不久，厂里接到一个临时任务，生产高射炮的炮栓。原来前方解放军从国民党军队那里缴获的高射炮的炮栓都被敌人拆毁，而没有炮栓的高射炮就是一堆废铁，为了充分利用资源，必须研制出炮栓。高射炮炮栓学名叫闭锁机，特别精密，以前中国人不能制造高射炮，也没人做过闭锁机。当厂里把这项任务交给马恒昌所在的车工一组时，大家都摇头。马恒昌明白这个任务非同寻常，不能弄砸了，可摊开图纸，这东西别说没干过，看也是头一次。它由几十个部件装配组成，每一个部件都有横断面和纵断面等几个剖面图，密密麻麻，光看这图纸就让人眼花缭乱。尽管马恒昌通过钻研看明白了图纸，但从来没干过这种活，他心里也没底儿。看见大家都躲着图纸绕道走，马恒昌并没有被吓倒，他决心完成这项艰巨的任务。当时外面敌机轰炸，炸弹在车间旁爆炸，马恒昌却手不离摇把，仍坚守着岗位。其模范行动感染着身边的组员，他们日夜奋战，最终提前5天完成了任务。

马恒昌在工作中也曾遇到各种困难，比如没有图纸，没有样机，生产任务也紧。但他从不屈服于困难，总是利用业余时间，聚拢起班组成员，总结过去革新设备的经验，人人献计献策，自主设计、试制新机器。在一次试制过程中，一台新机器需要100多种部件，小组成员奋战一个月，经过20多次拆卸组装，每一次马恒昌都细心检查，精心研制，终于成功制造了一台高速度、高质量的平头机。但是，平头机正式用于生产以后，马恒昌发现在切削过程中进刀有些不稳。有人安慰他们小组说："这台机器比以前的好用得多，能达到这种程度很不错了。"但是，马恒昌觉得自己的工作并没有做到位，始终放心不下。他同车间里的技术人员一起，细心研究，反复试验，终于找到了进刀不稳的原因——油缸有点毛病。他们立即动手改进了油缸结构，保证了进刀的稳定性，做出的配件终于全部达到优质标准。

【精神榜样】

老一辈劳模作为祖国工业战线上的"排头兵"，将"严谨坚持"演绎得淋漓尽致。严谨坚持，凝聚着心血和责任，体现着作风和意志，反映着一个人的能力和水平。严谨坚持、迎难而上的工作态度对于个人、对于企业、对任何一个组织乃至一个国家来讲，都是一种强大的战斗力。很多人虽然工作能力很强，自己也有干劲，但在工作上没有起色，他们往往有着共同的"失败基因"，那就是——缺乏一丝不苟、坚持不懈的韧劲！

"金牌蓝领"书写军工之荣

【模范人生】

1994年，一个偶然的机会，出生在南京郊区一个普通农民家庭的程军荣被招进中国人民解放军第5311工厂，成为一名工人。

因为没多少文化，也没什么技术，进厂后，程军荣被分配到民品车间当了一名装配工，其实就是搬运工。这只是简单的体力活，可程军荣非常珍惜自己的岗位，决心踏踏实实做好装配工。装卸产品是力气活，几次搬运就气喘吁吁，有的人只是把产品扔到车上或指定地方，程军荣则坚持轻搬轻放，别人干完活走了，他总是拿把扫帚将周围清扫干净。当时并没有人要求他这样做，但他认为这些都是自己的分内事，应该把它干好。

也许在别人眼里，一个临时工没必要这样认真工作。程军荣却以自己的行动证明了，无论在什么样的岗位上，都应该以踏踏实实的态度把自己的工作干好。程军荣不断追求上进，干好了本职工作又开始主动做别的工种的辅助工作。工厂看到了程军荣的努力，调他去干车工。

2001年，车间承接了一批某机载设备关键部件的整流器外罩的加工任务，难度大，工艺复杂，时间又紧。该部件直径300毫米，呈半球形，薄型铝质材料，以现有设备对其进行加工十分困难，而且这种部件的加工在工厂还是空白。接受任务后，程军荣虚心向老师傅请教，并反复琢磨、试验，不断摸索最佳加工方法，业余时间就去图书馆、上网查找有关资料，那段时间他几乎把所有的精力都扑了上去，就连女朋友的约会也一再推辞。经过尝试、失败，再尝试、再失败……他终于摸索出一套独创的加工方法：将铝板加热至280摄氏度，然后在改制的车床上通过滚压变形加工，完成了加工任务。当大家看到这个部件加工成功，无不表示惊奇和赞赏。

2004年，车间接到一批军品球形螺母和螺圈的加工任务，精度要求非常高，球面配合只允许三丝的公差，而且是硬度高、黏性大的特殊型号不锈钢材料，其加工难度可想而知。程军荣二话没说就从车间领导手里接过图纸。凭经验，他一眼就认定这批任务必须在数控车床上以专用刀具进行加工。当时，这批任务很急，外购专用刀具根本来不及，他决定再次接受挑战，自己手工磨制专用刀具。在一些人看来，这几乎是不可能的事。那些天，程军荣几乎是整天站在砂轮边，一边磨一边想，一天下来连鼻孔都是黑的，双腿像是灌满了铅一样沉重。值得欣慰的是，他又一次凭借锲而不舍的毅力磨制出了完全达到切削要求的专用刀具，圆满地完成了任务，及时保障了部队的需求。

工厂改变了程军荣的人生。多年来，程军荣在自己的岗位上，刻苦钻研，攻克了一个又一个加工技术难题，成为工厂最年轻的工人技师。2008年，程军荣光荣当选第十一届全国人大代表。一个文化程度并不高的工人，在工作的舞台上，舞出了一段属于自己的华章。也许有人感到惊奇，但其实，他只是踏实认真地做好了自己的本分工作——将工作做到位。

【精神榜样】

人的能力有大小，可是一个人处理自己的事情时应该有一个正确的态度，应该懂得严谨行事。因为只有我们严谨认真地落实了工作要求，我们才有可能少犯些错误，才能学会正确地做事，把事情做得完美，青少年要从各个方面严格要求自己，从一点一滴的小事做起，通过这个不断积累的过程，考验自己、磨炼自己，让自己成为一个能够完美落实、踏实严谨的有用之才。

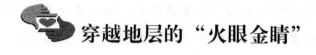 穿越地层的"火眼金睛"

【模范人生】

苏永地是中国石油勘探专家，他能在数万平方公里的非洲油藏区，准确定位油井位置，成功率达到80%，令人惊叹。事实上，在国际石油行业，一个石油勘探专家探井的成功率达到50%就很不错了。

石油勘探开发，是多学科多任务的综合工程。石油勘探的重要方法是地震勘探。勘探工作者通过先进仪器记录野外地震数据再经过大型计算机处理后绘制出一张张地震剖面图。对外行人，这些剖面图是一张张"天书"。而石油专家的工作，就是通过这一张又一张"无字天书"分析哪里有油，哪里没油，然后根据分析成图确定打井的位置。地震剖面图有多少条地震道，外行人根本数不清，但苏永地做数据解释工作就一定要把这些线条不仅数清，而且还要每一条（一条都不能少）反复若干次地进行分析、解释。面对密密麻麻的线条之海，解释工作者要能在最有效的时间内找到石油储藏方向，锁定下一步勘探的主攻目标，确定探井井位。

在海外，打一口探井所需投资至少几百万美元，而一口井打完不见油是常事，风险很高。但是，苏永地练就了一双"火眼金睛"，研究到哪里，哪里就有油藏，同行们常常半羡慕半钦佩地玩笑道，"苏永地就是出油的保障"。然而，苏永地所追求的远不止是个人确定井位的成功率。

1996年11月，非洲石油项目进行国际招标。12家国际知名公司参加竞标。中国石油集团公司一举中标，这是中国石油工业步入国际石油市场的第一个大型勘探开发项目。

20世纪70年代，西方一些国际大公司曾在这里勘探，投资巨大，但成效甚微，最后都撤走了。考虑到分散风险，中国石油集团选择3家国外石油公司，组建了联合公司。苏永地被派往非洲，任中国石油天然气勘探开发公司海外非洲项目副总地质师。当时，西方一家石油公司总裁断言："把这个项目交给中国石油公司是个错误的选择。"作为课题的主要技术负责人之一，苏永地深知自己代表着中国石油在海外的形象，他不允许自己犯错，更要让国外公司真正认识并承认中国石油的实力。

根据各家拿出的构造成图，联合公司第一轮探井陆续部署实施开钻。一家合作方确定的预探井接连失利两口，另一合作方确定的两口预探井失利1口，而苏永地代表中方提出的9口预探井，口口出油，成功率100%！9口井的绝对数字并不大，但所有合作方透过它重新认识了中国石油的技术实力。首战告捷，中国石油赢得了主动权。苏永地被点名调入联合公司勘探部，奠定了他的技术权威地位。

由于苏永地的卓越表现，中国石油的技术人员在联合公司的地位发生了很大的变化，从最初的被忽视、被怀疑到被认可，直至受到尊重。苏永地的名字则开始成为一种符号。"以后凡是苏永地做的构造图一律免检。"这在严格按程序办事的联合公司是唯一的。

【精神榜样】

天下事最难的不过十分之一，能做成的有十分之九。要想成就大事业，就要有恒心铺就，更要有坚韧不拔的毅力和百折不挠的精神。一个人之所以成功，不是源于天赐，而是日积月累地自我塑造而成。幸运、成功只能属于踏实肯干的人，属于有恒心、有毅力的人，能坚持到底的人。事业如此，德业如此，学业亦如此。

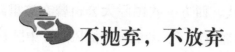

不抛弃，不放弃

【模范人生】

希拉斯·菲尔德先生退休的时候已经积攒了一大笔钱，足够他悠闲地养老。然而他不想就这样等着生命逝去，他忽发奇想，打算在大西洋海底铺设一条连接欧洲和美国的电缆。随后，他就开始全身心地推动这项事业。前期基础性的工作包括建造一条 1000 英里长、从纽约到纽芬兰圣约翰的电报线路。纽芬兰 400 英里长的电报线路要从人迹罕至的森林中穿过，这就意味着完成这项工作不仅包括建一条电报线路，还包括建造同样长的一条公路。此外，还包括建造穿越布雷顿角全岛共 440 英里长的线路，再加上铺设跨越圣劳伦斯海峡的电缆，整个工程十分浩大。菲尔德使尽浑身解数，总算从英国政府那里得到了资助。

随后，菲尔德的铺设工作就开始了。电缆一头搁在停泊于塞巴斯托波尔港的英国旗舰"阿伽门农"号上；另一头放在美国海军新造的豪华护卫舰"尼亚加拉"号上。不过，就在电缆铺设到 5 英里的时候，它突然被卷入机器里面，被割断了。

菲尔德不甘心，进行了第二次试验。在这次试验中，电缆铺好 200 英里的时候，电流突然中断，人们在甲板上焦急地踱来踱去。就在菲尔德先生打算割断电缆、放弃这次试验时，电流突然又神奇地出现，一如它神奇地消失一样。夜间，船以每小时 4 英里的速度缓缓航行，电缆的铺设也以每小时 4 英里的速度进行。没想到，轮船突然发生了一次严重倾斜，制动器紧急制动，不巧又割断了电缆。但菲尔德并不是一个容易放弃的人。他又订购了 700 英里的电缆，而且还聘请了一个专家，请他设计一台更好的机器，以帮助他们更好地完成铺设任务。后来，英、美两国的专家联手赶制出一台机器。最终，两艘军舰在大西洋上会合，电缆也接上了头；随后，两艘军舰继续航行，一艘驶向爱尔兰，另一艘驶向纽芬兰，结果它们都把电线用完了。两船分开不到 3 英里，电缆再次断开；接上电缆后，两船继续航行，到了相隔 8 英里的时候，电流中断了。电缆第三次接上后，铺了 200 英里，在距离"阿伽门农"号 20 英尺处又断开了，两艘船最后不得不返回爱尔兰海岸。

　　参与此事的很多人都泄了气，公众舆论也表现出明显的怀疑态度，投资者则对这一项目失去了信心，不愿追加投资，但菲尔德先生凭借自己百折不挠的精神以及天才的说服力，再次打动了投资人，使项目得以继续。菲尔德则继续为此日夜操劳，甚至到了废寝忘食的地步，他不甘心失败。

　　于是，第三次尝试开始了。这次总算一切顺利，全部电缆铺设完毕，而没有任何中断，几条消息也通过这条漫长的海底电缆发送了出去，就在人们以为一切大功告成的时候，电流突然又中断了。这时候，除了菲尔德和他的一两个朋友外，几乎没有人不感到绝望。菲尔德身上不抛弃不放弃的精神使他最终又找到了投资人，开始了新一次的尝试。他们买来质量更好的电缆，由"大东方"号执行这次铺设任务。"大东方"号缓缓驶向大洋，一路把电缆铺设下去，但最后在铺设横跨纽芬兰的 600 英里电缆线路时，电缆折断，掉入了海底。他们打捞了几次都没有成功，于是，这项工作又一次耽搁下来，一搁就是一年。

　　好一个菲尔德，一次又一次的困难都没有吓倒他。他又组建了一个新的公司，继续从事这项工作，而且制造出一种性能远优于普通电缆的新型电缆。1866 年 7 月 13 日，新一次试验开始了，14 天后，电缆顺利接通，发出了第一份横跨大西洋的电报："7 月 27 日。我们晚上 9 点到达目的地，一切顺利。感谢上帝！电缆都铺好了，运行完全正常。希拉斯·菲尔德。"不久以后，原先那条落入海底的电缆被打捞上来，重新接上，一直连到纽芬兰。现在，这两条电缆线路仍然在使用，而且再用几十年也不成问题。

【精神榜样】

面对一次又一次的打击与失败，面对所有人的嘲笑与轻视，面对着看似遥遥无期的成功，你会怎么做？你能像希拉斯·菲尔德一样一次次跌倒又一次次坚强地爬起来重新出发吗？菲尔德用他的成功告诉我们青少年，面对再艰巨的任务、再大的困难，若投入坚持不懈的努力，踏踏实实走好脚下的每一步，以不抛弃不放弃的精神，严谨、认真地前进，就一定能够完成、一定能够克服。到那时，即便没有人为我们欢呼，我们也能自豪地为自己举杯庆祝——我做到了！

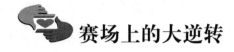 **赛场上的大逆转**

【模范人生】

20 世纪 80 年代，中国女排不畏强手、顽强拼搏，在 1981 年、1982 年、1984 年、1985 年、1986 年连续 5 次夺得世界冠军，成就了世界女排史上首个"五连冠"的壮举。20 年后，中国女排仍然在赛场上续写着光荣。

第 28 届奥运会上，意大利排协技术专家卡尔罗·里西在观看中国女排训练后断言，中国女排在奥运会上的关键人物是身高 1.97 米的赵蕊蕊，赵蕊蕊发挥好坏将决定中国女排在奥运会上的最终成绩。不幸的是，奥运会开始后，中国女排的第一场比赛中，这个肩负着无限期望的中国女排第一主力就因为腿伤复发而无法上赛场。外界都感叹中国女排的网上"长城"坍塌，实力大减，没有了赵蕊蕊的中国女排不再是夺冠热门。

中国女排教练班子及时调整应战策略，立即让年轻队员张萍顶替赵蕊蕊，变围绕赵蕊蕊的高点快攻为多点进攻，全队进一步明确依靠整体实力拼强敌的思路。中国女排一场场地拼，却还是在小组赛中输给了古巴队。很多行家都不看好中国女排夺冠，许多观众也都为中国女排捏了一把汗，但是，女排姑娘们按照部署，靠团队精神、集体力量，受挫时互不埋怨，顺利时互相鼓励，打出了风格，打出了气势，最终杀进决赛。

在与俄罗斯队的决赛中，她们遭遇了前所未有的困难，俄罗斯队发挥极其出色，虽然中国女排的状态也相当好，却还是连输两局。当0：2落后时，女排姑娘们没有失去信心和勇气，也没有失去干劲，在后面的比赛中，她们依然保持着高昂的斗志，俄罗斯队却越打越手软。当比赛进行到第五局后半程的时候，身高仅1.82米的张越红一记重扣穿越了2.04米的加莫娃的头顶，砸在地板上，宣告这场历时2小时19分钟、出现过50次平局的巅峰对决的结束，最后中国队以3：2战胜俄罗斯队。2004年，中国女排在赛场上演惊天大逆转，时隔20年再次摘得奥运金牌。

中国女排坚定"为国争光"的信念，刻苦训练，顽强拼搏。她们几乎每天都要练习发球、拦网等技术动作成百上千次，对训练、比赛造成的肩、腰等伤痛从不叫苦叫累。凭着顽强的毅力，她们练就了过硬的技术本领，形成了以快速多变为主体、兼备高打强攻的独特风格。她们完美地诠释了顽强拼搏、团结奋斗、无私奉献、为国争光的中华体育精神，中国女排五连冠群体曾为我国体育事业和社会主义现代化建设作出了重要贡献，而女排精神至今仍然激励着中华各族儿女不断奋发向上，追求卓越。

【精神榜样】

相信每一位运动员都有一颗火热的心，面对困难和打击，他们从不轻易放弃。也许在生活中，坚持并不一定意味着胜利，却代表了一种值得赞扬的精神，令人感动，给人以振奋。

荀子说："骐骥一跃，不能十步，驽马十驾，功在不舍。"这也充分地说明了坚持的重要性。骏马虽然强壮，腿力比较强健，然而它只跳一下，最多也不能超过10步，这就是不坚持的后果；相反，一匹劣马虽然不如骏马强壮，然而它能坚持不懈地拉车走10天，照样走得很远，它的成功就在于坚持不懈。

 耳朵上的"厚茧"

【模范人生】

美国著名演讲家、作家莱斯·布朗出生在迈阿密附近的一个贫困家庭，由于莱斯好动，而且喜欢不停地说话，因此他被送进当地小学中一个专门为学习有障碍的学生开设的特教班，直到高中毕业。毕业后，他成为一名环卫工人。但是，他有一个梦想——成为电台音乐节目的主持人。

每天晚上，莱斯都抱着收音机专心致志地收听电台主持人谈爵士乐。在他那狭小的房间里，他按照自己的想象创建了一个假想的电台，每天用一把梳子当作麦克风，喋喋不休地向想象中的听众介绍唱片。

终于有一天，莱斯鼓足勇气来到当地电台。当然，这个头戴草帽、衣衫不整的年轻人被拒绝了。

可是，在接下来的那个星期里，莱斯每天都去找台长。最后，为了让莱斯知难而退，台长同意雇用他打杂，但没薪水。莱斯的工作是为那些不能离开播音室的播音员取咖啡或买早餐、晚餐。在电台里，无论人们让他做什么，莱斯都会愉快地接受，甚至做得更多。干完自己该干的事情后，莱斯就全神贯注地观察播音员的一举一动。晚上回到自己的卧室之后，他就认真进行练习，为他确信一定会到来的机遇而积极努力作着准备。

一个星期六的下午，莱斯照例来到播音室外。那位叫罗克的电台主持人来接班了，他要主持长达4个小时的综艺广告节目。罗克从莱斯身边走过的时候，莱斯发现他的脚步跌跌撞撞的，而且满嘴酒气，莱斯不由得心中暗想：也许这家伙坚持不到播音完毕就烂醉如泥了。不久，罗克说话果然语无伦次起来。这时，电话铃骤然响起，莱斯拿起话筒。电话是电台台长打来的，台长着急地说："莱斯，我看罗克出了问题，你能打电话通知其他播音员，让他们代替罗克吗？""好的，先生，我一定会办好的。"

莱斯放下电话，却不是找其他人，而是箭一样冲进直播室，迅速把罗克移到一边，坐在他企盼已久的旋转工作台边，激动而自信地说："各位听众，大家好！我是莱斯·布朗，您忠实的音乐使者，我年轻而富有朝气，喜欢和大家一起倾听音乐、品味生活，我保证带给你们一档丰富多彩的节目，让你们开心、满意……"

这次节目大获成功。后来，莱斯·布朗成为美国最著名的音乐节目主持人之一。在成为出色的播音员之后，他又向直接面对众多听众的演讲发起了"进攻"。同样通过无数次的磨炼，他成长为出色的演讲家，演讲酬金是每小时2万美元。

当有人问起他成功的秘诀时，他指了指左耳上的一个厚茧，从容地说："我初涉演讲界时，一没名气，二没资历，更缺乏个人魅力和经验。可我决心在这个行业里干出点儿名堂来，不达目的决不罢休。于是，我一天到晚给人打电话，求教演讲技能，联系演讲业务。成名初期，我每天打100多个电话，请求别人给我机会到他们那里去演讲……这个老茧是我的成功的见证和记录，值几百万美元啊！"

【精神榜样】

即使处于最底层，即使看不到希望，也要守住那份对梦想的坚持，

"机会青睐有准备的人"，所谓准备，就是一点点的积累、一次次的努力，就是耳朵上的一层厚茧，就是坚持到底，以严谨、踏实的每一份努力，去建筑属于你自己的成功。在你抱怨自己的付出没有回报时，不妨先问一问自己：我是否坚持到"耳朵上起了厚茧"。

第五章

苦其心志，劳其筋骨

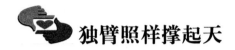 **独臂照样撑起天**

【模范人生】

20世纪80年代中期，作为"第一捕俘手"，丁晓兵先后出色地完成20多次侦察和作战任务。一次他在敌人阵地上生擒了一名俘虏，撤退时，为掩护战友和俘虏，他一把抓起敌人投来的手雷向外扔去，手雷在他出手的瞬间爆炸，他的右臂被炸得只连着一点皮肉，血流如注。为了完成任务，他用匕首割下断臂，凭借惊人的毅力，和战友们扛着俘虏，冒着敌人的炮火翻山越岭4个多小时才撤了回来。

战后，丁晓兵荣立一等功，获得全国"为边陲优秀儿女挂奖章"活动为他专设的第101枚金质奖章。后来，他被调至某团政治处任宣传干事。从没有搞过新闻报道的他苦练写作本领，扎实深入采访，1年时间内就在中央和军区报刊发表报道100多篇，成为军区"新闻工作先进个人"。

凡是和丁晓兵有过接触的人，无不从他身上感受到不甘平庸、永不服输的锐气和力量。丁晓兵一直珍藏着一条沾着血迹的背包带，这条背包带是他一次耻辱的记录，留着它，是为了时时鞭策和激励自己。丁晓兵刚到连队担任指导员的第二天，连队组织紧急集合训练，全连都集合齐了，他的背包还没打好。当他最后一个出来，站在全连官兵面前的时候，感受到的是一片怜惜和怀疑的目光。一向好强的丁晓兵面如火烧，他暗下决心：我要用一只手创造一流的业绩！为了练好打背包，他一个人躲在房间里脚、嘴和左手并用，练得手指磨破了皮、嘴角流出了血，直到打背包的速度全连都没人赶得上。他当指导员4年，连队荣记集体一等功1次，集体二等功1次，集体三等功2次，被集团军树为"基层建设样板连""基层建设标兵连"。

1993年12月，丁晓兵任某营教导员时，这个营已多年与先进无缘。他从摔打部队战斗精神入手，下决心改变落后面貌。部队到安徽丹阳湖农场水利施工，他把全营党员集中起来组成突击队，自己任突击队队长，专拣硬骨头啃。这一年，他带的营被评为"施工先进营"，此后，又连年被评为"基层建设先进营"。

2003年7月，淮河流域发生百年不遇的特大洪水，丁晓兵所在团奉命执行抗洪抢险任务。作为团政委，丁晓兵始终奋战在抢险第一线，洪峰在哪里，他就冲在哪里；哪里最危险，他就战斗在哪里。7月17日，安徽寿县瓦埠湖堤坝突然发生特大管涌，丁晓兵第一个跳进风高浪急的激流中，与党员突击队一起打桩，和大家一同运土扛包，经过连续19个小时的艰苦奋战，终于堵住管涌，保住了县城。激战之后，丁晓兵的断臂疼痛难忍，原来是污水浸泡时间长了，伤口缝合处严重溃烂，一小块乌黑的弹片露了出来。

在丁晓兵精神的激励下，全团官兵经过18天的战斗，圆满地完成了抗洪抢险任务。他带领的部队被武警总部评为"抗洪抢险先进单位"，并荣记集体三等功。从"战场英雄"到"时代先锋"，丁晓兵不断超越人生、超越自我。无论在哪里，他都没有放松对自己的要求，这个"独臂英雄"用他的独臂为自己撑起了一片蓝天。

【精神榜样】

成功者与失败者的区别，往往不在于机遇或者更聪明的头脑，只是多坚持了一刻——有时是一年，有时是一天，有时，仅仅是一遍鸡鸣。不要因为成功前的艰苦奋斗过程而气馁，坚持一下，成功就在你的脚下。持之以恒地挑战挫折，让压力成为你冲向终点的动力。把绝境当作一次挑战、一次机遇，只要坚持一下，总有一天你会成功。

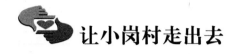 **让小岗村走出去**

【模范人生】

2009年11月6日，一个极其平常的日子，一名普通的村干部悄然离世。得知这位名叫沈浩的小岗村党委第一书记去世的消息，胡锦涛同志在批示中对沈浩的去世表示沉痛悼念，对沈浩的亲属和小岗村村民表示亲切慰问。一名最基层的农村干部，为什么得到总书记如此的关注？

2004年，猴年春节刚过，小岗村妇女主任韩巧兰在街上看见个身穿深棕色棉夹克，中等个头，白净脸的中年男人正往村民家里走。一打听，他就是新来的村书记——沈浩。

"他恐怕在小岗待不了两个月。之前下来的干部，有的来这'镀镀金'，回去就提拔。"村民们的闲言碎语也传到了沈浩的耳朵里，但他不以为意，用自己的行动向村里人证明了他不是来"镀金"的。一个多月，沈浩把全村108户跑了两遍，摸清了小岗村的家底……

"一朝越过温饱线，20年没进富裕门"，有人用这句话形容小岗村。还有人用"偏、穷、乱、散"描述小岗村：地处偏远，交通不便；2003年全村人均收入只有2300元，村集体欠债几万元；村里到处是柴垛、垃圾，环境差。

"是啊！小岗肯定难搞，但既然来了，还怕吗？要退缩吗？决不！"沈浩在日记中写道。

修路——沈浩干了来小岗的第一件大事。村里友谊大道东边2里多泥巴路，"雨天一身泥，晴天一身灰"，大伙都巴望着改成水泥路。沈浩跑上跑下争取支持，终于得到帮扶资金50万元。修路的日子，沈浩天天泡在工地上，和大家一起撒石子、扛水泥、拌砂浆。一天傍晚，沈浩和村干部来到工地。看到刚刚运来的水泥浆卸在地上，找不到铁锹，沈浩就用双手把水泥浆捧到路基里，全身都是泥，手还被灼伤。行动往往胜过千言万语，看到沈浩的种种举动，村里人叹服：这个沈书记人实在，不是来图虚名的。

不久，沈浩又干了一件大事——保护村集体财产。属于村集体的20多间房屋被几户人家强占，多年无人敢于过问，以前有开警车来小岗村挂职的干部，也没敢拿他们怎么样。沈浩不怕难，敢碰硬，苦口婆心劝说不通，就通过法律途径解决。"钉子户"终于被拔掉了，村民们对沈浩刮目相看。

沈浩习惯坐在办公室的沙发上和村民平起平坐商量事情，从不坐老板椅给人居高临下的感觉。"坐沙发，和大家交流'零距离'，这样老百姓才会亲近你。"

他住的那间十几平方米的小屋，床头贴着村民联系电话；大门从不上锁，谁都能推门而入。他成了"全天候"村官，村里的大事小情、百姓疾苦他都知道。"大包干"带头人关廷珠的遗孀邱世兰老人，挂着沈浩送的拐杖。"沈浩看原来那根拐棍要断了，怕我摔着，说要给买根新的。我以为他随便一说，没想到他专门买了新的给我送过来。这拐杖拄着踏实。"五保户韩庆江那天突然发病，沈浩掏出身上所有的钱，送他去抢救，后来又安排他去当门卫，如今韩庆江一月能挣500多元；困难户韩德国的孙子刚出世，母乳不够，家里又买不起奶粉，沈浩掏出1000元钱送去；关友林全家6口人，4人有残疾，沈浩逢年过节都要送去慰问金和年货。

通过沈浩的努力，小岗村里优质养殖示范区办起来了，种植双孢菇的创业大学生引进来了，小岗钢构厂等企业开始生产，大包干纪念馆建起来了……

如今，沈浩离开了，但他的精神依然在小岗村的土地上，指引着小岗村村民克服更大的困难，取得更大的进步，建设更美好的小岗村。

【精神榜样】

小岗村从贫困村到富裕之村的转变，从滁州凤阳的小村成长为全国村镇的发展典范，如果没有沈浩的辛劳奔波就不可能实现。面对艰难的局势、层出不穷的困境，沈浩的坚持不懈和谨慎处理是最有力的武器，正是这种精神指引着小岗村村民与沈浩一起奋斗，改变了小岗村贫困的面貌。

青少年要把这种精神继承下来，传承下去，以坚持不懈的精神激励我们的行动，以谨慎认真的态度指导我们的学习、生活和社会实践，去成就人生的辉煌。

"要做就做最好的农民工"

【模范人生】

2004 年，鄱阳女孩张春丽因家庭生活窘迫放弃了上大学的机会；5 年后，她不但利用业余时间完成了大学学业，而且靠自己的勤奋获得了更大的荣誉——2009 年全国五一劳动奖章。因为坚持，张春丽从平凡的打工妹成长为全国劳动模范，耀眼的光环背后，张春丽留下了一串闪光的青春足迹。

2005 年 4 月，张春丽只身前往深圳，投靠在深圳打工的表哥，成为中显微电子公司流水线上的一名女工。那一年，她只有 19 岁。虽然与进大学深造擦肩而过，但张春丽心中永远坚持着她的大学梦。

从走上流水线的第一天起，张春丽就暗暗告诉自己："过去不能改变，但一定要努力改变现状。"张春丽坦言自己是个非常自信、乐观的女孩，2005 年 9 月，她参加广东省成人高考，靠着扎实的功底顺利考入深圳大学英语专业大专班，从此开始了"白天上班、晚上上学"的生活。学习期间，她每天一下班就往学校赶，困了就在公交车上打个盹，饿了就买个馒头就着凉水吃。经过 3 年努力，张春丽顺利拿到了深圳大学的专科文凭，又因成绩优秀被学校保送专升本，继续深造。

"要做就做最好的农民工"，从进公司开始，张春丽就给自己定下了这个目标。她非常珍惜自己的工作机会，用最短的时间掌握了流水线岗位的操作技能，脏活累活难活总抢在前头。很快，张春丽凭借吃苦耐劳、认真负责的工作态度和实实在在的出色工作成效，得到了公司领导和同事的认可。工作一年后，经过自己的不懈努力，张春丽进一步成长起来，领导将其从流水线调入人事部门，接下了全公司700多人的"工资袋"。

刚"上任"时，完全没有做过人事工作的张春丽每天都要加班到凌晨。为了了解相关情况，前任主管时常在夜里11点还要被她电话"骚扰"。不久，她编制完善了公司薪酬管理的各项制度，还根据企业运作的要求和外部市场行情，重新建立了适应公司企业运营的薪酬体系，制订了对骨干员工的中长期激励计划。新的薪酬体系有效地打破了企业原来存在的平均主义分配体制，既确保公司整体薪资状况的合理定位，又保证了薪资水平的对外竞争优势，更让员工看到了希望。薪酬本系在公司当年的职工代表大会上获得一致通过，并在接下来一年的实施中取得了明显的成效。

和其他农民工相比，张春丽的生活总是格外忙碌。除了工作、学习，她还坚持参加义工活动。连续3年，张春丽都被评为公司优秀员工。2008年，她被授予广东省优秀农民工荣誉称号。2009年，她又成为全国五一劳动奖章获得者。

【精神榜样】

张春丽凭着持之以恒的努力，步步为营，赢得了人生的精彩，用点滴行动兑现了"要做就做最好的农民工"的朴素理想。面对各项荣誉，张春丽表示，"我是一个极其普通的女孩，获得这么多荣誉，我觉得自己非常幸运，荣誉只能代表过去，以后我会更加认真工作，努力学习，不辜负大家对我的期望"。青少年应该以张春丽为学习榜样，在人生道路上用坚持不懈的努力创造生命的价值。

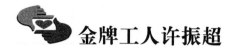

金牌工人许振超

【模范人生】

许振超，青岛港集团集装箱有限公司桥吊队队长。2005年4月，他被全国总工会评为全国劳动模范，2008年3月任十一届全国人大常委会常委。许振超已经成为一个符号，即工人们的典范，是新时代的"金牌员工"。

许振超参加工作30多年来，以"干就干一流，争就争第一"的精神，立足本职，务实创新，干一行，爱一行，精一行。他自学成才，苦练技术，练就了"一钩准""一钩净""无声响操作"等绝活，并创造了"王啸飞燕""显新穿针""刘洋神绳"等一大批具有社会影响的工作品牌。他带领团队按照"泊位、船时、单机"三大效率的标准要求，深入开展比安全质量、比效率、比管理、比作风的"四比"活动，先后6次打破集装箱装卸世界纪录，其"振超效率"令世人赞叹，"振超精神"名扬四海。许振超的"10小时保班"服务品牌为顾客提供了超值服务，吸引了全球各大船运公司纷纷在青岛港上航线、换大船。

许振超还积极响应建设节约型社会的号召，按照青岛港"管理挖潜力"的要求，多方试验在冷藏集装箱上加装节电器，仅2005年就节约电费600万元，投资回报率达到60%。青岛港集团董事局主席、总裁常德传说："为什么会有'振超效率'？许振超能够将下面的一帮子人领起来。在许振超的带动下，他的'振超效率'，80%以上的人都已经熟练掌握，许多工人还掌握了新的绝活。世界纪录不断被刷新，已不仅是许振超一个人的力量，更是许振超带动下的团队的力量。"

自被树立为新时期产业工人的典型，各种学习许振超先进事迹的报告会和座谈会在全国各地纷纷举行，"许振超"这个名字更是传遍祖国的大江南北。但6年时间过去，许振超依然那样朴实无华，认真学习、持续创新仍是他最大的人生追求。许振超说："新时期的产业工人就是要善于学习、勇于钻研，以不断学习的精神，把学到的知识和工作实践结合起来，才能锻炼出工人真正的能耐，才能干出让别人服气的活，体现出中国工人不服输的骨气。"许振超是这样说的，也是这样做的。近几年，虽然许振超的社会事务工作有所增加，占去他将近一半的精力，但他并没有搁置自己热爱的港口工作。

2004年，看到码头集装箱轮胎式龙门吊既浪费油又污染环境，噪声还大，影响工人工作，许振超决定让门吊改变"习性"，从"吃油"变为直接"吃电"。

"这种门吊烧柴油主要还是为了发电，问题就是如何将电缆通到不规则移动的门吊身上，这一难题是世界各大码头都面临的。"许振超说，"经过两年多的摸索和努力，加上我出差时看其他港口门机的设计，最后从飞机空中加油上得到启发。2007年，我们完成了集装箱轮胎式龙门吊的'油改电'工程，随后新加坡、澳大利亚、英国和西欧的码头都纷纷效仿这一做法。"许振超领衔组织实施的门吊"油改电"技术改造，填补了这一技术的国际空白，在全部77台门吊投入使用后，年节约资金3000万元以上，噪声和尾气污染大大降低。

"油改电"工程完成之后，许振超又投入到集装箱吊装环节的难题中，准备通过技术手段代替现在工人凭经验操作的方式，从而实现港口集装箱装卸效率和质量的再次升级。

"国家把我树立为产业工人典型，就是希望我能继续引领创新，实现产业工人的价值；希望我继续和工友们保持兄弟般的友谊，这样作为一名全国优秀共产党员，才能保持和群众的鱼水深情。"许振超说。

【精神榜样】

许振超曾说："一个工人，说一千道一万，归根结底就是干。要通过肯干、实干、巧干，干出成绩，干出名堂，为国家作出有益贡献；一个人，无论起点多低，岗位多平凡，只要勤学习、肯进取、敢开创，就一定能够不断进步，创造出属于自己的精彩人生。"许振超用自己踏实肯干、坚持不懈的干劲克服工作中、技术上的种种困难，在产业工人的岗位上为我们展现了新时代工人的风采。

青少年可以从中得到启示，学会承受带来的痛苦和压力，不断挑战自我、磨炼自己，踏着认真严谨的步伐，坚持在通往成功的荆棘路上不断奋进！

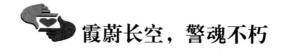 霞蔚长空，警魂不朽

【模范人生】

40 岁正是人生最壮美的时节，任长霞却猝然倒在了为之奋斗不息的公安事业上。她以自己的忠诚、才干和辉煌业绩，以自己的毕生心血忠实地履行了"立警为公、执法为民"的神圣职责。

在整顿队伍、严肃警风的同时，任长霞将全部精力用于破大案、破积案，打响了一场又一场攻坚战，"4·15"东金店强奸焚尸案、"4·18"大冶镇火石岭村绑架案、"5·18"特大盗枪案、"5·28"石道杀人案、"6·9"强奸轮奸女教师案、"7·2"唐庄杀妻杀子案等一系列大、要案纷纷告捷。面对辉煌的战绩，干警和群众服了。大家都说："咱登封来了个女神警，案发一起就破一起。"

刑事犯罪案件破获了，任长霞又着手解决更深层次的问题。2001年 4 月 23 日，她从一封平常的群众来信中了解到，松颖避暑山庄老板王松纠集家族成员及两名劳改释放人员在白沙湖一带，横行乡里，敲诈勒索，致使上百人受到伤害，7 人丧命，民怨极大。任长霞决心挖掉这颗毒瘤。4 月 29 日，王松手下的爪牙因参与作案被抓获，王松企图以钱开路，打通关节，救出这几个"弟兄"。5 月 1 日晚，王松来到任长霞办公室，随手甩出一沓钱放在桌子上说："手下人捅了娄子，请任局长高抬贵手，网开一面。"任长霞严词拒绝，并将计就计，指令民警将王松一举擒获。

2001 年 4 月 25 日，任长霞抽调 20 余名民警成立"控申专案组"，

按照"立足化解、妥善处置"的思路，变上访为下访，变被动为主动，把控申工作查处信访积案作为一项"民心工程"，纳入工作的整体目标，她把每周六定为局长接待群众日，诚心倾听群众呼声。据不完全统计，3 年来任长霞共接待群众来信 3467 人次，使 476 户上访老户罢访息诉，被广大人民群众赞誉为"任青天""女包公"。

任长霞一系列业绩的取得，源于任长霞对崇高理想的不懈追求，是她将自己一生献给公安事业的铮铮誓言。一句话没有留下的任长霞留下了一道需要回答的问题：一个共产党人应该留下什么名声，应该留下什么样的背影，什么样的作为会让人在她的肉体消亡后还肃然起敬，又有什么样的精神能穿越变迁的时代，非但不朽，反而长青？

【精神榜样】

人民怀念着任长霞，也呼唤着千千万万个任长霞。感悟英雄最重要的实际行动是要立足自身。我们要学习任长霞的什么精神？就是要学习她真心实意、堂堂正正做人，学习她爱岗敬业、尽职尽责做事，学习她的以身作则，学习她的坚持不懈。我们要把这些宝贵的品质，带到生活中的每一个角落去，让任长霞精神万古永存。

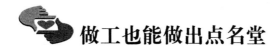 **做工也能做出点名堂**

【模范人生】

谢辉只是一个普通技校的毕业生,1991 年毕业后分到益阳市橡塑机械集团公司。由于在学校学的专业是钳工,毕业后他一直在车间担任钳工。1996 年,橡塑公司的电工队伍出现断层,公司领导决定在员工内部招聘一批电工。

当时的电工可算是车间所有工种当中的"白领",不用做大量的体力劳动,也比较干净,但是对技术水平要求很高。从小就喜欢修东西的谢辉冲着这个,兴冲冲地跑去参加了考试。随后,通过考试的他顺利地成为一名电工,负责车间的车床维修。

"白领"的工作并不是那么好做的。一开始,谢辉仅仅凭着自幼的爱好与过人的悟性来应付。然而在车间的六面龙门刨上,他栽了第一个跟头。六面龙门刨是车间最精密的设备之一,那次接到维修任务的他加班加点,从早到晚对着机器修了足足 4 天,也没修好。车间同事都笑他加班只是为了混快餐吃。而第一次尝到挫败滋味的谢辉此后开始拼命地买书,拼命地学习。

为了买到最新的专业书,谢辉有一段时间几乎天天往新华书店跑。他说,因为电工方面的专业书很多时候就进那么一两本,"你要不经常去盯着,保不准那书你还没见过就让人给买走了。上次我要的一本书就被人买走了,我还专门跑去跟营业员说了半天,让他查查那个人的住址，让我复印一本也行啊！查不到，没办法。"现在说起那本没买到的书，谢辉还是一脸的郁闷。为了读懂机器的英文说明书，他连英汉辞典都买了几部。初中时最恨英语的他现在读英文资料也能读得"一溜烟"了。

谢辉的努力没有白费。2008年，谢辉参加益阳市第三届技能大赛，获得电工组的第一名。这年，他又代表益阳参加了全省的技能竞赛。如今，这位半路出家的电工早已经是益阳市数一数二的高级技术人员，许多外地同行专程过来向他请教车床维修上的问题。

谢辉说，他这辈子就一个愿望，那就是要出人头地。他实现了自己的理想。橡塑的老总下到车间视察时，总爱指着谢辉勉励大家说："大家好好干！看看谢辉，做工也能做出名堂来！"

谢辉带领的维修班组可以说是厂里最难带的班组之一。因为出现故障他们就必须第一时间到场，不管是白天黑夜，周末还是过节。"加班这种事，你安排谁谁也不乐意啊！"谢辉说，"我自己就有半夜被人叫起来加班的经验，都半夜一点钟了，叫一次还不够，还没到家呢，另一台机器又叫。"对于熬夜、加班的辛苦，谢辉他们班组并不是没有体会，只是为了维护机器，为了厂里生产的持续运转，谢辉他们坚持扛了下来。而且，由于班组团结，荣誉感强，谁都没有因为加班闹过脾气。

谢辉是橡塑集团最普通的一名一线工人。他坦承，自己努力工作、刻苦钻研业务的动力并不完全来源于"出人头地"的激励。然而他和所有橡塑人一样，身上有着一种爱厂如家、无私奉献的精神。正是这种精神，支撑着他走向了今天的高度。

【精神榜样】

"不积跬步，无以至千里，不积小流，无以成江海。"所有的成功都必须持之以恒，奋斗不息，面对艰难困苦而能坚韧不拔之人才能登上成功的顶峰。一粒种子，无论是长在贫瘠还是肥沃的土地，即使是长在山崖岩缝间，只要是扎根于地下泥土里，不惧风雨如磐，坚持生长的信念，就一定能茁壮成长，开出自己的花朵，长出自己的一片葱绿。

"蚂蚁精神"的传人

【模范人生】

陈旧的书橱里摞着一沓沓的红色证书，老人独独挑出一本，上面写着"按国家规定的高级技师任职条件，经考核合格，特发此证，编号：001 号"。拿着证书的这位年近八旬的老人名叫刘海珊，获得过全国五一劳动奖章、上海劳模等几十个荣誉。凭着"蚂蚁啃骨头"的精神，他从一个半文盲的三轮车工人成长为技术尖子。

"解放前，老家房子毁了，靠地吃饭的父母带着我和妹妹辗转从南通来到了上海，当时我只有 15 岁，之前上过两年私塾。刚到上海那会儿，我连路牌都不清楚，因为不大识字。"在那个兵荒马乱的年代，15 岁的刘海珊靠着一辆三轮车，撑起了整个家。

就这样，车轮转过 10 个年头，1956 年国家正在对资本主义进行社会主义改造，原本三轮车的主要客户是私营企业的小业主，这群人正在逐步消失，客源没有了，工作自然难保。"这个时候国家建设需要劳动力，而身无任何技能的我也得到上岗的机会，来之不易啊！"1958 年，刘海珊到了上海建设机器厂（现为上海建设路桥机械设备有限公司），成为一名工人。

刚到厂里，即便只是一个小小的水泥浇铸工，刘海珊还是每天干得不亦乐乎。那个年代，国家希望粮食创收，就需要大量制造化肥设备，像刘海珊这样的学徒也有机会跟着师傅一起干。

刘海珊知道，与老师傅相比，自己的专业知识差远了。上班时，他偷偷地观察每道工序，记下来之后便抓紧所有闲余时间反复练习，终于能够做到从刨铣到组装零件都得心应手。每天回家后，刘海珊都会自学初中课程，在机器厂不懂机械制造，几乎寸步难行，后来还给自己提出了更高的要求——上大学。3年半后，夜大课程结束，近50人的班里只剩下32人，最终只有29人拿到了毕业文凭。

通过持续的专业学习和在厂里日积月累的实践，刘海珊已经从半文盲浇铸工变成可独当一面的钳工。但是，刘海珊进取的步伐没有就此停止，他还要更上一层楼。"当时很多设备都要从外国进口，而进口就意味着花钱。"纺织行业的预缩机从日本进口每台售价为23万美元。"任务到了我们厂之后，我只是想要化解这个难题。"1982年，刘海珊发明预缩机阻尼，该项技术革新，为国家省下外汇253万美元。又如，毛坯重达60余吨的6米超级大水泵上的球形转体，这个曾被搁置6年的项目，刘海珊接手后仅用3个月就攻克了。

通过坚持不懈的努力，刘海珊的身份又发生了变化——从工人技师变成了高级技师。"高级技师"证书正是对他工作的高度肯定。

【精神榜样】

刘海珊通过坚持不懈的努力，克服重重困难，完成了一次又一次的自我提升，终于走向了成功。为此，我们应该借鉴他成功的秘诀——"蚂蚁精神"。坚持就是胜利，争取每一天每一个微小的成功，最终将获得质的飞跃，得到意想不到的巨大收获。当别人停滞不前时，你也不能放纵自己，要继续拼搏，因为只要你的付出比别人多一点点，终有一天你会有所收获！

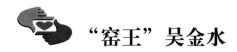

"窑王"吴金水

【模范人生】

"他是恩平的'窑王',没有他,也许恩平的水泥行业不会像现在这样出名!"一位业内人士这样评价吴金水。刻苦钻研水泥煅烧技术的吴金水,先后被评为江门市劳动模范、广东省劳动模范,荣获全国五一劳动奖章、全国劳动模范称号。

1971年以前,吴金水从来没有接触过水泥,也不知道其生产过程。在职业选择十分有限的年代,他根据自己当时的兴趣,选择当一名煅烧工人,没想到一做就是30多年。

当年什么都不会的吴金水,凭着一身的干劲,不怕苦不怕累,开始了作为一名煅烧工的不断进取奋斗的人生历程。上班时,他虚心向经验丰富的老师傅和工友请教,屡次实践,细心琢磨煅烧的每一道工序,精心研究如何把握火候、风速,透彻掌握立窑各个部件的性能、作用;下班后,他总是伏案攻读有关的技术书籍,潜心探索。

功夫不负有心人,吴金水刻苦多年终于掌握了一门过硬的煅烧本领,总结出"大风适温,大料重负荷"的煅烧操作方法,为立窑稳产、高产、优质、低耗闯出了一条新路子,使公司的煅烧技术达到国内同行的先进水平。正是由于吴金水练就的这一手"绝活",他被人们称为"窑王",名声大振,恩平市20多家乡镇水泥厂点火投产都请他去指导。此外,他带的100多名徒弟也个个成了技术能手,为公司的发展立下大功。1985年,海南三亚水泥厂因立窑煅烧技术不过关,派人不远千里来恩平请吴金水去作指导。经他一番指点后，该厂不仅煅烧技术过了关，而且水泥质量得到提高，实现了产量翻番。

针对生产中遇到的难题，他大胆运用新技术、新工艺，攻克一个又一个技术堡垒，改进了生产，实现了煅烧的高产低耗、产品的稳产优质。他曾提出用硫铁矿进行煅烧，并带领全班工人夜以继日地进行试验。凭着多年的煅烧经验，几经攻关，终于获得实质性的成功，使公司的吨熟料耗煤量减少10.71公斤。

从1971年入行至2005年退休，吴金水整整在窑房坚持了35载，他的职业经历见证着他一生的辉煌。

【精神榜样】

专注坚持，是敬业的表现，更是一种生活态度。与其诸事平平，不如专注于自己手头的事情，这是成功人士攀登高峰的秘诀，也是成就伟业的不二法宝。与其他有能力而不专注做事的人相比，如果你能够以专注坚持的敬业态度开展工作，你就能创造出他人无法创造的成绩，就能赢得良好的声誉，并且攀上事业的高峰。这一点，吴金水为我们作了最好的诠释。

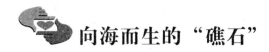

向海而生的"礁石"

【模范人生】

南沙因其独特的自然景观，令许多人心生向往，而它异常恶劣的自然环境，却又让不少人对此处的生活望而却步。凡是到过南沙的人，都对"高温、高盐、高湿"的艰苦环境有着一种刻骨铭心的感受。在别人看来，能在这里待几个月就是一种奉献，而李文波不仅待了，而且一待就是 20 年，是一名自南沙巡防区组建伊始就参与南沙建设事业的老南沙。

李文波 21 岁毕业于中国海洋大学，当年入伍，3 年后赴南沙永暑礁守礁。

20 多年来，他先后 29 次赴南沙执行守礁任务，累计守礁 97 个月，向联合国教科文组织和军内外气象部门提供水文气象数据 140 多万组，创下了国内守礁次数最多、时间最长、成果最丰的纪录，得到联合国教科文组织的高度评价。

建站守礁初期，海洋气象观测站的条件相当简陋。李文波不等不靠，立足现有装备条件，加强业务培训，完善值班制度，遇恶劣天气就两人一组互相保护，确保准时观测。由于措施得力，在当时的简陋条件下，李文波仍然取得了大量准确的观测数据。

之后的 20 多年里，李文波带领同志们在既无系统气象预报理论做指导，又无实地气象经验作参考，气象研究成果一片空白的南沙海区迎难而上，对南沙海区天气的变化规律，尤其对灾害性天气变化进行了深入的研究，同时，对永暑礁气象观测站累积的资料进行了详细深入的统计分析，得出了一系列准确预报南沙海区天气变化的成果。

随着市场经济的发展，军队与地方的反差日趋明显，转业到地方的战友多次劝李文波早点离开部队回到地方。20多年来，他面临多次调离南沙到舒适的大机关、大城市工作的机会，从来没有动摇。部队领导考虑到李文波常年与家属分居两地，对家庭照顾太少，打算设法帮他调回山东老家工作，被李文波婉言拒绝，他说："南沙确实苦，可它再苦也是祖国的一部分，总得有人来建设它、保卫它。我是一名光荣的南沙卫士，我不去守礁谁去守礁！只要身体条件允许，我愿意长期在南沙干下去！"

为了守礁，李文波始终舍"小家"为"大家"。妻子掐着指头和他算了一笔账，结婚20多年，李文波真正和家人团聚的时间不到3年，为了守礁先后有9个春节在南沙度过。2010年12月底，又到了上礁换防的时间，支部考虑到他已多次在礁上过春节，就没有安排他上礁。李文波却第一时间递交了守礁申请书，里面有几句话是这么写的："南沙，不仅是我们守礁官兵的南沙，更是全国人民的南沙。在这个'生命禁区'，如果仅仅是为了金钱，就是铺满金砖，我也不愿意上去。党和人民把戍礁卫疆的重担交给我们，作为一名南沙老兵，就是有再大的艰险、再大的困难，我也要冲上去。"于是，他又收拾起行囊，踏上了守礁的征程。

由于常年守礁，李文波患有多种慢性病以及严重的风湿关节炎。2004年至2008年，李文波在每次守礁后期都会复发严重的风湿病，腰部疼痛难忍，起不了床，走不了路。但李文波咬牙坚持工作，加强恢复性锻炼，使身体很快康复。南沙永暑礁的强电磁辐射环境，严重地损害着人体健康，李文波时常感到头晕恶心，记忆力严重地衰退，语言能力也有所下降。在南沙守礁20年，他已由曾经27岁的壮小伙变成47岁头发花白的"小老头"。有人问他："你这样拼命地去南沙守礁，到底值不值啊？"李文波总是自豪地说："能在南沙守礁20多年，我觉得很欣慰，就算下辈子需要坐轮椅，也没什么后悔的！"

　　李文波和同事们利用南沙建站20多年来西南、东北季风期的气象资料，不断探讨研究南沙的水文气象活动规律，先后在《广东气象》发表了《南沙海区季风过渡期风的特征》《南沙海区海浪季节变化特征》等研究论文。由于李文波和同事们的努力，在海司航保部组织的海洋环境数据库资料验收考核中，永暑礁海洋气象观测站的优秀率最高，受到上级部门的表彰。

【精神榜样】

　　艰难困苦，玉汝于成。在长期经受着烈日、台风轮番考验的南沙，在高温、高盐、高湿的永暑礁，李文波用他的坚持不懈、用他的不畏艰难，书写下对祖国的忠诚，对气象事业的挚爱。只要内心足够坚定，决心足够强烈，你会发现，烈日会给你生长的温暖，台风会为你奏响舞蹈的音乐，因为你的坚持，一切困难都变成了通往成功的台阶。

第六章

慎终如始，则无败事

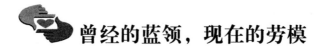

曾经的蓝领，现在的劳模

【模范人生】

高杰标何许人也？他不是什么大人物，不过是安徽淮化集团硝盐化工分厂厂长。

在企业里，分厂厂长属于中层干部，既无"人权"，也没"财权"，只有带头干活的份儿。但高杰标不同，在淮化集团，他领导的分厂是集团效益的增长点，一年能挣好几个亿，他掌控的浓硝酸产量雄踞亚洲第一，在他的带动下，淮化集团于2007年登上了"世界第一硝"的高峰。

高杰标原来是百分之百的蓝领——硝酸车间一名优秀的检修工。俗话说：紧车工，慢钳工，技术全面检修工。高杰标在检修工这个岗位上摸爬滚打十几年，把硝酸车间密如蛛网的化工管道、水气电线路以及工艺流程掌握得滚瓜烂熟。走进车间，他只要拿眼瞅一瞅、侧耳听一听、用手摸一摸、鼻子嗅一嗅，就知道设备运转是否正常。要是出了故障，他手到病除，人称"设备大夫"。凭着自己的一手绝活，他也从检修工、班组长、工段长、车间主任一步步成长起来，登上分厂厂长的"宝座"。

1970年高杰标从部队退伍，进厂当了工人。初进厂时，只有初中文化的他面对密密麻麻的化工管道、数不清的各种线路，只感到眼花缭乱，如坠迷宫。而化工生产都是在管道里进行，看不见，摸不着，水、电、气、油、料各行其道，外行看了头都晕。高杰标决心当好一名工人，熟悉纵横交错的管道，为此他拜师学艺，从最基础的知识学起。老师傅修设备，他主动跟着学，用心记，不懂就问；趁着大修的机会，他钻进每台设备，摸清每条线路的走向，熟悉每个节点的功能，还画下草图，带回家反复揣摩。他买来大量技术书籍，对照着生产实践，从理论上弄通弄懂每个工艺流程，绝不放过任何疑点。只要功夫深，铁杵磨成针，高杰标苦心学技术，由外行变成了内行。

一旦成了内行，高杰标的眼睛仿佛成了透视镜，一眼就能看透设备的"五脏六腑"，那些密密麻麻的管线也都变得简洁有序、一目了然了。高杰标成了技术尖子，但是，学得越多越觉得脑袋里的问号多，眼前总是横着许许多多的未知数：科学在发展，技术在进步。去年的生产工艺，今年就过时了；原来挺先进的技术，现在看又落后了。

30 多年来，高杰标从未停止过探索，始终保持着一开始作为外行所拥有的旺盛求知欲望、不断探索研究的强烈要求以及对于卓越的永恒追求。对过时落后的工艺流程，他大胆改进；对设计不合理的设备，他敢于改造。人们评价他：年年有建议，岁岁有革新。正是由于高杰标和他的同伴们的不断学习、不断技改，淮化集团的浓硝酸生产能力节节攀升，由当年的设计能力 4 万吨，到 1997 年上升到 10 万吨，坐上全国头把交椅，到 2003 年达到 22 万吨，成为亚洲第一，2006 年浓硝酸年产量已突破 50 万吨大关，成为世界最大的浓硝酸生产企业。

【精神榜样】

真正的高标准是什么？那就是追求卓越。怎么才能达到这样的高标准？唯有通过坚持。俗语说：世上无难事，只怕有心人。这个有心，就是有恒心，有了恒心，不轻言放弃，最难的事也做得成功。没有恒心，遇到困难就中途放弃，则一事无成，最容易的事也会成为最难的事。

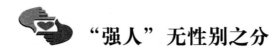

"强人"无性别之分

【模范人生】

大眼睛，齐耳短发，率真又略带孩子气，这就是马艳红。这位看似平凡的女子，却是航勘院一名能文能武的干将，是一连串优秀称号和极高荣誉的获得者，在男子汉成堆的勘察行业中干出了名堂。她于2004年被评为全国三八红旗手，2005年被授予全国劳动模范荣誉称号。

勘察是基础设施建设的第一道工序，"晴天一身土、雨天一身泥"，工作地点不固定，施工环境艰苦让不少女性望而却步。然而，这份苦、脏、累、险的工作，马艳红一干就是数十年。参加工作伊始，马艳红投身于野外勘察工作，奋战在生产第一线。

1994年，新婚燕尔的马艳红以大局为重，毫无怨言地服从组织安排，从北京调往上海分院担任工程负责人。在野外勘探，与钻机为伴，风餐露宿，日晒雨淋，这些对于一个爱美的女孩子来说，是一个大挑战。当时的马艳红却觉得这些不过是"无所谓的小事"，每一件事她都会尽心尽力地完成。回忆起在上海工作的经历时，她的平铺直叙淡化了那些让人难以想象的艰苦，却让人感受到她对勘察事业的单纯的忠实和执着。她在自己最宝贵的青春时期，先后主持了"上海东方太阳城物流超送中心勘察"等数十项工程，每项都是优质工程。

1997年，由于工作需要，马艳红被调回北京从事经营工作。从做技术到搞经营，从跟土地打交道到跟人打交道，马艳红觉得遇到了平生最大的困难。作为当时经营处里唯一的女同志，她努力学习经营之道。凭着一股不服输的劲儿，26 岁的马艳红努力地接触客户，全心全意为客户着想，终于拿到了自己的第一个订单，也是当时全院单笔金额最大的订单——北京高校育新花园 6 栋高层住宅楼地基处理工程，合同额高达 610 万元。就这样，在最难的第一年，她签下订单近 1000 万元。

谈起经营，她说："第一次签合同，前前后后跑了半年，直到拿下订单也没想起来要请对方吃一顿饭，那时候见人说话都会脸红。直到现在，我还是不会喝酒不会唱歌。我就是靠自己的专业知识，靠坚持不懈的拜访，靠实话实说的真诚打动客户。客户和我们签约一是看中我们航勘院的技术实力，再就是看我这个人实在。"

领导这样评价她："马艳红同志身在基层，工作虽然平凡，却始终保持了共产党员的先锋模范作用，精神难能可贵。她每做一件事都很认真，从不马虎，遇到困难从不退缩，坚持把该做的事做好。"她自己却说："我自己苦一点、累一点没什么，只要对企业有好处，就苦有所值、累有所报。"纯真直率、从容淡定，干一行、爱一行、专一行，这就是马艳红。

【精神榜样】

不管做技术还是搞经营，马艳红都凭着坚持不懈的劲头，以始终如一的工作热情和克服困难的坚定决心激励自己追求着卓越，将对待工作的认真态度贯彻始终，赢得事业的成功。青少年若能在学习、生活和社会实践中贯彻克服万难的决心和坚持不懈的恒心，必将登上人生的高峰，成就自身的卓越。

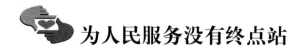 ## 为人民服务没有终点站

【模范人生】

李素丽自 1981 年参加工作以来，几十年如一日，把"全心全意为人民服务"作为自己的座右铭，坚持在平凡的岗位上，真诚热情地服务乘客，被誉为"老人的拐杖，盲人的眼睛，外地人的向导，病人的护士，群众的贴心人"。

21 路公共汽车线路，北起北京北站，南至北京西站，李素丽就在这条公交线路上，用自己日复一日的劳动给人们带来真诚的笑脸、热情的话语、周到的服务、细致的关怀。她说："我为我的职业、我的岗位自豪，是它给了我每天都能向他人奉献真情的机会，让我每一天都感到充实。"

"礼貌待客要热心，照顾乘客要细心，帮助乘客要诚心，热情服务要恒心。"这是李素丽的服务原则。"多说一句，多看一眼，多帮一把，多走一步；话到、眼到、手到、腿到、情到、神到。"这是李素丽对自己工作的要求。李素丽售票台旁的车窗玻璃，一年四季进出站时总是敞开的。"这样我可以更好地照顾乘客。"即使下大雨，她也要把车窗打开，以便伸出伞遮在登车前脱掉雨衣、收拢雨伞的乘客头上。

李素丽习惯在车厢里穿行售票，车里人多，一挤一身汗，可她却说："辛苦我一个，方便众乘客。"她的车上设有方便袋，遇到堵车，

就拿出报纸、杂志，让乘客看一会儿，缓解焦急；看到有人晕车或不舒服想吐，她会赶紧送上一个塑料袋；遇有不小心碰伤的乘客，她的小药箱里有创可贴；姑娘们夏天穿着长裙上下车，她不忘提醒姑娘往上拎一拎，以免让人踩上摔跟头。李素丽售票台的抽屉里，放着一个小棉垫。这是特意为抱孩子的乘客准备的，小棉垫还可以垫在售票台上，让孩子坐在上面。

公共汽车是一个流动的小社会，车上什么样的乘客都有。特别是在早晚上下班高峰期间，车厢拥挤、嘈杂，有时还会发生矛盾和口角，李素丽往往几句话就化解了矛盾。李素丽处理与乘客之间的矛盾，更显示出其服务水平。一次，李素丽查验下车乘客的车票，一个小伙子掏完衣兜掏裤兜，就是拿不出票来。李素丽看出小伙子没买票，并不指责，反而说："您可能一时着急找不到票了，要不，你今天再买一张，下车后，你要是找到了，下次坐我的车就不用买票了。"小伙子不好意思了，拿出两元钱说："大姐，刚才我没买票，您说怎么罚就怎么罚吧！""按我们的规定，下车逃票才罚款，您及时补票就行了。下次上车要主动买票，这样就不耽误您的时间了。"事后，李素丽说，人人都有自尊心，售票员不能得理不让人。让乘客下台阶，我的服务就上了台阶。

"每一条公共汽车的线路都有终点站，但为人民服务没有终点站。我会在这里坚守我的岗位，因为我永远属于我的乘客。"李素丽同志说："我是公交人的后代，1981年踏上了公共汽车售票员的岗位。十几年来，我就是在这个平凡的岗位上工作、学习、生活，在普通的劳动中，度过了自己的青春年华，实现着自己的理想和人生追求。"

【精神榜样】

在社会生活中，大多数人的岗位是平凡的。岗位对人来讲，既是一种自我选择，也是一种社会选择。然而，无论是个人选择了岗位，还是岗位选择了个人，个人的不懈追求和坚持奋斗才是取得事业成功的基石。李素丽从未在售票员岗位上感到倦怠，始终以最初的热情服务乘客、方便大众，她的坚守为她赢得了所有人的认可与赞美。

"电焊是门艺术，要用心焊"

【模范人生】

说起电焊工，人们首先想到的是苦、脏、累，可长期从事这行的代俊杰不同于常人，对于电焊，他始终情有独钟。"电焊是门艺术，要用心焊。"他是这样说的，也是这样做的。

除了热爱电焊，代俊杰的身上还有一股不服输的劲头。2001年，南车株洲电力机车有限公司与西门子合作生产DJI机车，代俊杰作为骨干参与了DJI机车车体组焊工作。看到国外领先的技术，"老外"们在一个个产品面前娴熟的手法，粗糙的半成品在眼皮子底下，被"老外"修理成精致且完美的成品。代俊杰震撼了！他立志：不仅要做得像"老外"们一样好，还要超越他们，做得比他们更好！在前期电焊工培训中，他通过自身努力，取得了国际焊工资格证。在DJI机车制造的一年半时间里，他积极工作，努力学习，刻苦钻研技能，很快掌握了引进设备弗里斯焊机、螺柱焊机等设备的操作技术，掌握了铝合金材料焊接、不锈钢材料焊接等工艺。

2007年，和谐1型机车开始批量生产。车体底架组焊是和谐1型机车制造的关键工序之一，焊缝磁粉探伤和超声波探伤多，焊接变形大，是车体制造的一块硬骨头。为了把这块硬骨头"啃"下来，代俊杰每天坚持在实践中学习，在学习中实践。他开动脑筋，把在德国学习西门子车体的理论充分运用到实际工作中，并编写了关于底架焊接与变形控制的论文。不仅如此，他还组织班组电焊工进行上岗前操作知识与工艺要求的培训学习。在和谐1型机车制造工作中，他亲自到每个焊接岗位进行焊接示范，对员工手把手传授，确保每一名电焊工达到岗位操作要求。

2008年，一场百年不遇的冰灾，使原本繁重的生产任务在进度上进一步被耽搁。为确保和谐1型机车生产能完成两天一台的进度，从春节过后，代俊杰带领全班50多名成员，加班加点，连续作业。尤其是在北京奥运会期间，代俊杰放弃公司安排的带薪休假，以生产为重，始终坚持在一线。为缓解青年员工长期作业的疲惫和夏季高温的烦躁，他还积极协调，主动关心，不论顶班还是调班，永远排在第一个，尽量把休息的机会留给别人。

代俊杰正是凭借他那不服输的干劲，坚持不懈地把自己分内的事情做到最好，做到精致，做到优秀，成为南车底架一班的高级电焊技术人才，是一个技能型、工匠型、知识型员工，是一个不可替代的技术能手。

【精神榜样】

从一个高中毕业生，到如今南车株洲电力机车有限公司首屈一指的高级电焊人才，代俊杰成了公司和社会备受瞩目的人物。有人说，代俊杰的经历就是千百万奋战在中国铁路机车车辆战线上的一线工人的缩影。这份看似不起眼的经历中，闪烁着一个青年员工20多年坚持不懈的信念。

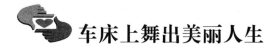 车床上舞出美丽人生

【模范人生】

在高级知识分子会聚的航天领域，作为一名普通的技术工人，而且又是一名女同志，她化压力为动力，坚信"行行出状元"，凭着一股不服输的钻劲和韧劲，勤奋学习，练就高超的技能，24 岁便成为技师，27 岁又被破格评为铣工和数控加工双料高级技师，在从事数控加工的 4 年时间里，加工了大量高难度复杂零部件，解决了大量技术难题。她是苗俭，一直从事导弹雷达关键部件加工工作，解决了不少的加工难题，为我国某重点导弹型号的研制生产作出了积极贡献。

刚参加工作时，苗俭看到车间里老师傅面对一张图纸，很快就能加工出一件漂亮的零件，她的自信心降到了极点，但在师傅耐心的帮助下，加上自身的不懈努力，工作一年后，苗俭开始独立操作机床。

如今作为高级技师，苗俭却始终忘不了首次独自成功完成一项高难度任务的情景。对她来说，那是一个刚参加工作一年的黄毛丫头的第一次成功，那次成功对她后来的影响颇大。

当时苗俭所在单位加工的航天产品中有一个零件叫作"翼板"，它需要铣工在不锈钢材料上完成 5 条圆弧筋板的加工，还有平衡试验小于 2 克的技术要求。在那个时候，这种难度的任务都是由经验丰富的老师傅来承担的，但车间领导为了给年轻人多压担子，把这个艰巨的任务交给了苗俭。苗俭通过反复琢磨，并结合书本上学到的知识对工装加以改进，有效地提高了重复定位的精度和装卸时间，同时修磨合理的

刀具角度，提高加工性能和效率。就这样在一一攻克刀具、装夹和加工方法等难关后，苗俭成功了——经她加工的零件合格率达到100%。

数控技术发展迅速，当初把苗俭折磨得焦头烂额的加工项目现在已经可以通过数控车床轻松完成，然而，在那一次艰难的成功之中，苗俭真正收获的是不达目的誓不罢休的决心，是为了落实任务刻苦钻研过程中一以贯之的坚持不懈精神。直至今日，苗俭那颗坚持学习的心始终没有改变。苗俭深知不进则退的道理，她的好学也鼓舞着每一个人。苗俭不仅将学到的技术运用到工作中，更是将所学的技术写成书面资料与同事们交流，与同事们共同进步。苗俭在自己的岗位上很好地履行了自己的职责，把车床当作舞台，她的精湛技艺就是舞步，舞出了自己的美丽人生。

【精神榜样】

每一个人都应立足于自己脚下的一方土地，不懈努力，向成功奋进。上帝永远是公平的，当你置身成功，露出璀璨笑靥时，你就会知道，所有的艰辛都将得到偿还，而坚持将带你找到那条通向顶峰的成功之路。青少年们应该以苗俭为榜样，无论现在求学阶段，还是即将走上职场，为人做事都要有始有终，遇到困难也要坚持到底，相信成功就在前方！

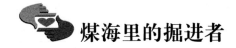 **煤海里的掘进者**

【模范人生】

1981 年 6 月，初中毕业的张文市从农村来到开滦范各庄矿，成为一名掘进工。下井的前一天，退休前一直在矿上工作的父亲对他说："当矿工一不能怕苦怕累；二要能坚持。怕苦怕累，在井下就没法干活；没有真本事，不能坚持干下去，就当不上一个好工人。"

1985 年 10 月，为了加快特大型现代化矿井的建设，张文市所在的掘进二区从开滦范各庄矿调到钱家营矿工作，他则当上了副班长。当时的钱家营矿正处于矿井建设的冲刺阶段，需要为矿井投产准备充足的战场，给掘进区提出了打快速的要求。然而，他们所在的 1151 工作面由于受地质状况的影响，出现了大量的涌水，水深达 0.5 米。面对恶劣艰苦的条件，身为副班长的张文市第一个脱掉衣服，和工友们一起进入漆黑的巷道，浸泡在污水中，扛棚子、移设备、架顶棚、捞浮煤，铁梁磨破了肩膀，煤矸子划破了膝盖……在他的带动下，他所在的班组创下班进 15 架棚（12 米）和单班月进 350 米的全国最高纪录。

参加工作时只有初中文化的张文市，要提高自己的技术水准和文化素质，并不是一件容易的事，可他就是有一股不达目的誓不罢休的韧劲，下定决心要使自己成为一名有知识有技术的新型矿工。经过多年刻苦学习，他对掘进机的构造原理、电器设置及各种功能了如指掌，只要听一听机器运行的响声，或试着操作一下，他就知道哪里出了故障。和张文市同班的工友都有一个共同的感觉，只要他在，完成进度就有把握，因为从来没有能够难倒他的掘进机事故。张文市不仅处理事故快，而且在设备正常运转的情况下，他还能像中医看病一样，凭借自己高超的技术和丰富的经验对掘进设备进行"诊断"，并能超前预防事故。一次，在1321工作面掘进中，电控箱侧刮板溜子电机的响声异常，引起张文市的注意，他边听边用手探摸，发现有异响，电机温度很高，马上意识到电机出了故障，有烧毁电机的危险。于是他立即停机，组织人力更换电机，凭借娴熟的技术，只用了25分钟就把电机安装好了。

敢于挑战自我，顽强进取，成为张文市精神的闪光点。他不断发起新的冲刺，针对掘进设备老化，部分部件设计不合理造成电机事故率高、成本投入大等问题，他把目光投向了技术改造和创新。一道道难关被攻克，一个个难题被破解，张文市的艰辛付出为掘进机事故率大幅度下降、设备完好率的明显提高，提供了强有力的技术支撑。

【精神榜样】

没有坚持就没有挑战，没有进步就没有创新，没有挑战就没有进步，没有挑战就不会有成功，张文市用自己的汗水，用自己的智慧，用自己的毅力，在开滦矿一个普通掘进工人的岗位上努力实践着这一切。

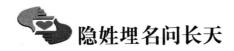 隐姓埋名问长天

【模范人生】

欧阳自远这个名字大家可能还比较陌生，但说起中国月球探测工程，大家一定耳熟能详，而中国月球探测工程就是由于欧阳自远的在1994年的《我国开展月球探测的必要性和可行性》的报告才批准立项的。欧阳自远把自己的一生奉献给科学事业，取得了一个又一个的丰硕成果：300多篇高水平的学术论文、8部饱含其智慧结晶的专著、11部融入其思想体系的主编专著以及上百篇科普作品……这些成就，都无疑为他所从事的学科领域注入了新鲜的血液。

中国月球探测工程立项后，欧阳自远被任命为工程应用系统的首席科学家，这位原本以探索地球的奥秘为己任的地质学家，在梦想飞往月球的路上踏出了第一步。中国的探月计划已经论证了10年，又经历了3年多的研制过程。欧阳自远是力挺探月工程的科学家之一。而在力挺背后，欧阳自远仍然表明这项工程必须分阶段来实现。

欧阳自远制订了一个简洁的探月计划。欧阳自远不是工程师，也不是航天专家，在探月工程的前期准备阶段，他所要做的就是为中国首颗月球探测卫星——"嫦娥一号"设计明确的科学目标：获取月球表面三维图像；分析月球表面化学元素和物质类型的含量和分布；探测月壤特性；探测距离地球4万～40万公里间的地—月空间环境。另外，欧阳自远和他的团队还要根据这些目标，对探测仪器的关键技术、指标进行测试，提出改进意见。为了让"嫦娥一号""看"清楚月球，

他们还在它身上装备了不少堪称国内首创的仪器，如微波探测器等。

2007年10月26日，"嫦娥"奔月的一刻终于到了。在西昌卫星发射中心，虽然已是久经沙场，欧阳自远还是感到前所未有的紧张。他说，那天"最紧张"的一刻要算是倒计时下达点火命令的那10秒钟。虽然所有的一切都是按照事先就知道的预定程序进行，但他就是放心不下。那也是一个令欧阳自远终生难忘的日子。尽管月球是离地球最近的天体，但38万公里之遥是中国卫星从未达到的高度，更是欧阳自远半辈子牵肠挂肚的"梦中人"。"嫦娥"升空的一刻，欧阳自远内心的激动难以言表。当最初的激动渐渐平静以后，欧阳自远心中更多的是对"嫦娥一号"的牵挂。欧阳自远说："对'嫦娥'就像对自己的小孩儿一样，有永远操不完的心，甚至有时它做得太好了我也担心。"

从地球到月球，对于欧阳自远来说，在空间上是38万公里的漫漫长路，在时间上是30年的不懈努力，他用自己的一生书写着航天人坚持不懈的梦想追求。

【精神榜样】

有一支曾经风靡一时的歌里唱道："365日，年年地度过，过一日行一程；365里路呀，越过春夏秋冬，岂能让它虚度。"谁也不知道，在从地球到月球的征途上，欧阳自远走过了多少365里长路，付出了多少心血。欧阳自远从地球到月球的这一路，告诉我们青少年这样一个道理：有百折不挠的信念所支持的意志，比那些看似难以跨越的空间、难以征服的物质力量拥有更强大的威力。有志者事竟成，青少年若能坚定目标，无惧于横亘于眼前的种种艰难，以持之以恒的信念攻克难关，就一定会赢取成功的荣誉。

"徐强精度"是这样炼成的

【模范人生】

徐强是沈阳鼓风机（集团）有限公司齿轮压缩机公司齿轮加工组组长、高级工人技师。因为技术娴熟，业务精湛，经他加工的齿轮从未出现过质量差错，其加工废品率为零，他被大家称赞为"齿轮王"；他刻苦钻研，自学成才，创下大型齿轮加工4级精度的全国之最。他数十年如一日奋战在生产一线，拥有令人惊叹的"徐强精度"。

"当一名优秀的技术工人"，这是徐强的奋斗目标。一个直径1.2米、看似笨重的高精度齿轮上有数百个小齿，每个齿之间的距离误差不超过1~2微米，1微米仅相当于1/60头发丝粗细，而徐强的工作，就是每天与这些巨大"微妙"的齿轮打交道。

在生产过程中，徐强觉得随着企业加工质量要求越来越高，不可避免地会遇到一些新问题。当前的难题虽然解决了，但解决办法还只停留在"摸着石头过河"的状态。如果能把类似的解决方法规范化，以后再遇到同类问题，处理起来就更有操作性了。有了这样的认识，徐强开始通过各种渠道积累解决问题的办法和技巧。久而久之，他果然归纳出些规律操作，而带有偶然性的新现象，又激发了他的创造欲望，成就了他的多项技术革新。他自制一个轴类齿轮的上顶尖误差校验打表杆，该打表杆不仅适用磨齿机加工"找正"使用，也适用在其他机床上顶尖的检修；他自制了磨齿、深齿、插齿胎具高度调整垫铁，利用垫铁的尺寸弥补了胎具高度的不足，满足了各种高度齿轮的加工，而且安装、拆卸方便。这些技术革新，大大降低了企业生产成本。

2004年，在一个加工项目中，客户要求生产一个大型齿轮，设计精度是5级。齿轮的加工精度共分为13个级别，以"0、1、2、3、……12"表示，0级精度最高，12级精度最低。在实际操作中，要使大型齿轮达到5级精度，其难度相当大。在加工过程中，徐强边操作边告诫自己，一定要细心细心再细心。因为他知道，稍一疏忽，哪怕只是摁错了一个按钮，就会使齿轮报废。这不仅会造成20多万元的经济损失，连企业的信誉也将跟着丢失。徐强的认真严谨得到了回报，产品检验证明，他加工的齿轮完全满足客户的精度要求，甚至达到4级。徐强创造了国内大型齿轮加工的最高精度，同行们将徐强创下的这一纪录称为"徐强精度"。

如今，"徐强精度"扬名海内外，在徐强的努力下，过去完全需要进口的这种齿轮，现在已经成了沈阳鼓风机集团的常规产品，每年为企业创造4000多万元的价值。

【精神榜样】

在全面建设小康社会的征程中，时代呼唤更多的"徐强"。他的故事也启发我们思考这样一个问题："如何注重细节？如何把事情做得更完美？"在工作生活和学习中，大多数人面临的任务都是一些琐碎的、繁杂的、细小的事务，然而最需要关注的就是细节。因为细节决定成败。我们要做好自己的工作，唯有"认真严谨"4字。

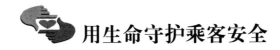 **用生命守护乘客安全**

【模范人生】

吴斌是杭州长运客运二公司的快客司机，跑杭州—无锡路线。5 月 29 日中午，他像往常一样，驾驶浙 A19115 大型客车从无锡返回杭州，车上有 24 名乘客。11 时 40 分左右，车行驶至锡宜高速公路宜兴方向阳山路段时，一块大铁片突然从天而降，在击碎挡风玻璃后，砸向吴斌的腹部和手臂。

面对突如其来的致命打击和惊慌的乘客，作为司机的吴斌会怎么做？车载视频画面记录下他当时坚强的 1 分 16 秒：

11 点 39 分 24 秒，一个块状物体穿过挡风玻璃，击中吴斌腹部，吴斌似乎被这突如其来的"块状物体"弹了一下，先用右手捂住腹部，挣扎着将右腿伸长，踩住刹车；

11 点 39 分 52 秒，吴斌解开安全带；

11 点 39 分 55 秒，停车，拉手刹，把车停在了紧急停车带；

11 点 40 分 05 秒，非常努力地站起来，告诉乘客注意安全。

被击中的一瞬间，吴斌看上去很痛苦，本能地用右手捂了一下腹部，接着强忍疼痛把车缓缓减速，停靠在路边，挣扎着站起来，对受到惊吓的乘客说："别乱跑，注意安全。"最后打开车门，疏散旅客。当做完这些以后，耗尽了最后一丝力气的他，瘫坐在座位上。吴斌没有把最宝贵的第一时间留给自己拨打 120，而是留给了车上的 24 名乘客。

车上一名周姓乘客回忆说，当时他正在打瞌睡，听到一声巨响就被惊醒了。"车子没有失控，而是稳稳地停了下来。我立刻跑上前去看，司机表情很痛苦，已经说不出话来，腹部都是血……"周先生说，若不是吴斌的敬业，当时很可能发生车毁人亡的惨剧。

乘客们见状马上报警，吴斌随后被送往无锡解放军 101 医院救治。按医生的说法，他的肝脏就像被掏空了，另外多根肋骨断裂，肺肠也严重挫伤。6 月 1 日凌晨，吴斌因伤势过重去世。

处理事故的民警感叹，大客车刹车拖印是笔直的，一个肝脏被突然刺破的司机，要用怎样的意志力才能做到这一点啊。

吴斌的同事这样回忆吴斌，他从 2003 年进入该公司担任班车驾驶员起，就视手中的方向盘为生命线。10 年来他已经安全行驶 100 多万公里，相当于绕地球近 30 圈，却从来没有发生过一起交通事故和乘客投诉。同时，他还常助人为乐、拾金不昧。"吴斌看起来是一个非常平凡的驾驶员，但每天把平凡的工作做好，就是不平凡，特别是在关键时刻吴斌体现了一名驾驶员高尚的职业素养。"

"我弟弟这一生都很平凡，在最后一刻却做出了最伟大的事。"吴斌的姐姐吴冰强忍着悲痛说。在父母眼里，吴斌是一个十分孝顺的孩子，平时住在一起，他出车之余还会帮忙做些家务；他也是女儿眼中的好爸爸，经常会带读高二的女儿去打羽毛球，缓解她的学习压力；他还是妻子眼中的好丈夫，很顾家……

【精神榜样】

在生命的最后一刻，吴斌没有忘记自己是一名驾驶员，承担着 24 名乘客的生命的守护职责。他忍受住常人难以想象的痛苦，坚持尽到了作为一名驾驶员的职责，用生命守护了 24 名乘客的生命安全。驾驶员，这个职业看似平凡，却肩负着全车乘客的安全。吴斌在生命最后一刻的坚持，让我们懂得了什么是伟大。我们纪念吴斌，纪念他的敬业精神，纪念他直至生命最后一刻，对于乘客生命安全的守护。

第七章

绳锯木断，水滴石穿

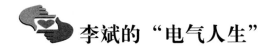

李斌的"电气人生"

【模范人生】

李斌是上海电气（集团）液压气动有限公司的一名职工，他从一名普通的技术工人成长为国内公认的数控技术应用专家，是全国劳动模范、五一劳动奖章获得者、全国十大杰出工人、中华技能大奖全国技术能手……他几乎囊括了一个产业工人所能拥有的一切荣誉，却仍然坚守在生产一线。

虽然拥有众多的荣誉，但李斌从不回避自己的起点——上海液压泵厂技工学校。从技校毕业后，他怀着当一名好工人的愿望，成为上海液压泵厂的学徒，那时他认准一个理：只有努力坚持才会成功。

在3年学徒生涯中，对于铣、车、磨、刨等多项加工技术，李斌样样精通。在机械加工行业，磨刀是一项基本功，而对液压产品来讲，其工艺要求更严格，刀具刃磨的难度特别高。李斌于是潜心攻磨刀关，他从工具间领了一大堆报废的刀具，一把把学着磨。刀子越磨越短，李斌的手指常被砂轮磨破，鲜血流淌，但他贴上创可贴，又接着磨。经过几年的磨炼，他终于掌握了磨刀的技巧。不久，虚心好学的李斌就成为全能型工人，再难加工的零件，到他那儿都能保质保量地完成。

1986年，李斌作为劳务输出人员，到德国设在瑞士的一家公司工作。先进的机械加工技术让李斌大开眼界，李斌把这里当成了学技术的新课堂：他白天认真干活，晚上就把白天所见的一切记在本子上，认真整理分析。待回国时，他带回厚厚的4本数控机床编程调试资料。

1989 年，李斌第二次来到瑞士，在完成了一批复杂零件的加工任务后，李斌成为该公司有史以来第一位有权调试数控机床的亚洲人。

李斌有一句口头禅——"让我试一试"。一次，企业引进了外国的数控机床。这类机床专业性强，但国有企业不可能用更多的资金去进口各种数控机床，因此必须对其进行改造。李斌一头钻进机床改造工作中，分别从汽缸、油泵和夹具入手——研究起来。接着，他又对机床"大动手术"。由于李斌拥有丰富的理论知识和实际经验，进口机床在他的改造下变了模样，成为工人手中驯服的工具。这项改造为国家节省了一笔巨大的资金。

从李斌在瑞士第一次调试数控机床至今，他成功开发了 5 种类型、17 种进口数控机床的加工功能，在企业开发新产品时充分发挥效能，为企业创造了 2000 多万元的经济效益。

【精神榜样】

李斌用自己的经历证实了一个真理：人人都可以成才，只要你坚持你的初衷，敢想敢做，每一名普通工人都可以成为技术能手、专家型工人，每个人都能实现他的梦想。

成功的人实现梦想的途径千差万别，但他们有一项共同的特质，那就是努力实践自己当初定下的目标，坚持不懈，直至完成。亚历山大曾经说过："虽有卓越的才能，而无一心不断的勤勉、百折不挠的忍耐，亦不能立身于世。"成功人士知道，只有努力攀登，才能拥有"一览众山小"的豪情。

"晚上 7 点的太阳"

【模范人生】

全国劳动模范、共产党员徐虎，在水电修理工的平凡岗位上，长期积极主动地为居民排忧解难，用"辛苦我一人，方便千万家"的精神，谱写了一曲新时代的雷锋之歌。

徐虎爱岗敬业，几十年如一日义务为居民服务，在平凡的工作中做出不平凡的成绩。他两次被授予全国劳动模范称号，被上海市委、市政府评为上海市十大先进标兵。

1975 年，徐虎从郊区农村来到上海城里，当上了房修水电工，担负起管区内 6000 多户居民的水电维修、房屋养护工作。干房修水电这一行，虽然脏一些、累一些，但总还是个技术活。"身有一技之长，不怕家中断粮"，徐虎记着父亲的话："阿拉是普通工人出身，干一行就要干好一行。"话是这么说，可是，当徐虎第一次去居民家修阻塞的抽水马桶时，还是傻了眼——粪便、草纸、污水淌了一地，别说干活，连立脚的地方都没有。但是，看看居民焦急的样子，想想自己干的就是这一行，也只好硬着头皮上。徐虎忙着干活，居民在边上忙着端茶、敬烟。马桶修好了，居民连声道谢。事后，还特地给房管所写了感谢信。这件事，给徐虎留下了深刻的印象。他想，自己干了分内的工作，居民就这么感激，真的应该尽心尽力做好。从此，只要一有空，徐虎总是认真学习房修水电技术。碰到居民报修，徐虎一喊就到，及时解决。碰到难做的活儿，徐虎千方百计做到让居民满意。每次修理完毕，徐虎都主动做好清洁工作；对居民的酬谢，他笑着谢绝；碰上挑剔的居民，还要耐心说服。一来二去，徐虎和居民的关系从生疏变得熟悉、融洽了。从居民的欢笑、赞扬声中，徐虎体验到了人生的欢乐、工作的价值。再脏、再累，心里也是高兴的。

1985年6月23日是个星期天，徐虎在房管所以及区精神文明建设办公室领导的陪同下，来到光新二村、石泉路75弄和石泉六村，挂上了3只"夜间水电急修特约服务箱"，上面写着"凡属本地段的公房住户如有夜间水电急修，请写纸条投入箱内，本人热忱为您服务。每天开箱时间晚上7点。中山房管所徐虎"。打那以后，每天晚上7点，徐虎总是骑着"老坦克"，带着工具包，走向3个报修点，然后按照报修的纸条，挨家挨户上门修理。

从那以后，在徐虎心里就没有了"星期日"和"节假日"，只留下"为民服务"4个字。之后10年中，徐虎几乎都没有在家过过除夕，工作记录上记载着：1985年除夕，光新路人民浴室进水阀爆裂；1986年除夕，南黄海石油公司断水；1987年除夕，石泉六村27号，棉纺一村27号，石泉路75弄3户居民报修；1988年除夕，信谊新村34号18户居民家断水；1990年除夕，石岚三村48号居民家断水；1991年除夕，潘家湾123弄9号屋顶水箱断水；1992年除夕，管弄路61弄29号水管冻裂漏水；1993年除夕，石泉六村12号207室抽水马桶堵塞。10年中，8个除夕，徐虎为居民贺年守岁，为群众排忧解难。

1998年以后，徐虎开始从事管理工作，历任徐虎物业经营有限公司副董事长、党支部书记等职，2002年5月，调任上海西部企业集团任物业总监。从普通的水电维修岗位到企业中层管理岗位，徐虎坚持角色变了但"辛苦我一人，方便千万家"的信念不变，他一如既往地用自己的敬业、钻研和奉献精神，在物业管理工作中作出了新的贡献。他积极钻研"本帮"物业和现代经营管理理论，结合自己的物业实践，撰写了多篇具有前瞻性和可操作性的研究论文。他经常深入社区听取意见，及时处理群众来信，解决了物业维修方面的许多疑难杂症，得到居民群众的一致称赞。他参与物业市场的拓展，努力扩大社会物业的市场份额，提高了企业的美誉度和影响力。踏上管理工作岗位的徐虎，依然保持着工人阶级的本色。始终把"为人民服务"放在心上，他还主动挂牌授徒，要让"辛苦我一人，方便千万家"的徐虎精神薪火相传，生生不息。

【精神榜样】

有一种美叫坚持。人生道路漫长，不会一直平坦顺畅，也不会一直坑洼不平，重要的是拥有自己的目标，并且坚持不懈地去追求它，去实现它。徐虎之所以让我们感动，就是因为他这么多年以来都能坚持把一件件看似容易的、平凡的小事做好，用他勤勤恳恳、任劳任怨的奉献精神树立了值得整个社会学习的榜样！

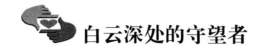 **白云深处的守望者**

【模范人生】

30 多年前的一个晚上，当了一辈子瞭望员、已经年迈眼花的父亲，把望远镜交到余锦柱手上。那一年，18 岁的他刚刚高中毕业，接过了这份"家当"，也接过了常人难以想象的艰难。

一间八九平方米的简易平房，3 块半截砖头支着的一口铁锅，一张老式木床，一架陈旧的高倍望远镜，一沓发黄的记录纸，还有一个用来挑水上山的木桶，这些就是余锦柱工作和生活的全部倚仗。站在湖南省江华瑶族自治县海拔 1400 多米的尖子岭森林瞭望台上，每隔一小时，用高倍望远镜环顾浩瀚的林海，观察 50 万亩林区内是否存在异常用火——这是瞭望员每天的工作。

大瑶山里，人迹罕至，芭茅丛生，毒蛇出没无常。然而，为全面掌握管护区的情况，余锦柱利用雨天不易发生山火的日子，先后翻过 70 多道山梁，穿过 3000 多条峡谷。攀缘中，他经常和毒蛇不期而遇，30 多年里，他被毒蛇咬伤过十几次，幸好父亲教过他用草药治疗，每次都化险为夷。尖子岭与粤北接壤，受亚热带湿润季风气候影响，常有雷电裹挟着暴雨呼啸而来。瞭望台地势高，空气湿度大，易遭遇雷电，有时好好的丽日晴天，也会突然凭空砸下一串旱天雷来。30 多年中，余锦柱已经记不清多少次遭受雷电的袭击，他自己曾 4 次被雷电击倒，只有瞭望台外墙上那触目皆是的凹坑，记录着他一次次与死神擦身而过的惊险。

一到森林防火戒严期，余锦柱就必须24小时坚守瞭望台，往往一守就是好几个月不能下山，生活用品和饮用水全靠妻子十天半个月送一次。为此，余锦柱常常"洗不起澡"，就连喝水，也只能像喝酒似的，小口小口地抿。由于工作的特殊性，30多个年头里，老余有21个春节在瞭望台度过。组织上为瞭望台配备了汽油发电机、避雷针等设备，还买了电视机，但老余舍不得用，只靠父亲留给他的一台老式晶体管收音机来打发寂寞。余锦柱结合自己的观察实践和父亲过去的言传身教，摸索出了识别烟火性质的"二十四字诀"：观两面，察浓淡，分季节，析晴雨，测远近，观动静，别粗细，区缓急。

30多年中，余锦柱准确报告火警284次，为国家挽回直接经济损失3000余万元，创造了管护区内无一次森林火灾的成绩。"眼睛望得多远，事业的天地就有多宽，肩上的责任就有多大！"尖子岭60多平方公里莽莽林海，倾注了余锦柱的心血，更诠释着他对事业的真诚和执着的追求。由此，他获得了全国优秀乡村护林员、全国劳动模范、全省优秀共产党员等多项荣誉称号。30多年的守望，他从血气方刚到满面风霜；30多年的守望，他用不平凡超越了平凡。

【精神榜样】

面对众多的光环，余锦柱没有陶醉，想的最多的是责任、是坚持，他说："国家把这么大一片山林交给我，我就应该尽心尽力地守护好，哪怕吃再多的苦，受再多的累，也值得，因为献身绿色事业已经成为我终生的追求了呀！"这是他在"林业英雄"表彰大会上发出的铿锵誓言，由此，我们看到了余锦柱那种执着坚守的精神树立起的青松般的高大形象。

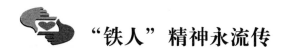

"铁人"精神永流传

【模范人生】

在 20 世纪 60 年代初，中国发现了一个大油田——大庆油田。当时面对物资和技术的匮乏，中国发动了一场规模空前的石油大会战。在这场会战中，一个普通的钻井工人——王进喜成了当时中国家喻户晓的人物。

1960 年 3 月，王进喜率领 1205 钻井队从玉门日夜兼程赶奔大庆。到萨尔图以后，王进喜下了火车，一不问吃，二不问住，找到调度室首先问："我们的钻机到了没有？我们的井位在哪里？这里的钻井最高纪录是多少？"得知井位在马家窑附近，他立即带队步行两个小时来到井场。第二天来到火车站，本队钻机没到，就帮助别的队卸车，一连卸了 7 天，被评为"干劲第一"的义务装卸队。

1960 年 4 月 2 日，从玉门发出的钻机运抵萨尔图。可当时吊车、汽车、拖拉机非常少，一时半会儿轮不到他们用，60 多吨重的钻机设备无法卸车、搬运和安装。面对重重困难，王进喜对大家说："遇见困难怎么办？这就像打仗一样，不能退下来。有条件要上，没有条件创造条件也要上！""只能上，不能等；只准干，不准拖！"他带领全队把钻机化整为零，采用"人拉肩扛"的办法把钻机和设备从火车上卸下来，运到马家窑附近的萨 55 井，安装起来。连续苦干三天三夜，王进喜没离开车站和井场。行李放在老乡家，一次都没去睡过。房东赵大娘看见王进喜这样拼命地干，对工人们说："你们的王队长可真是个铁人哪!""铁人"的称号自此叫开了。

第一口井完钻后,王进喜指挥放架时,被滚堆的钻杆砸伤了脚,当时昏了过去。醒来时一看几个工人围着他抢救,井架还没放下来,就说:"我又不是泥捏的,哪能碰一下就散了!"说完站起来继续指挥放架子、搬家。领导知道后,把他送进医院,他又从医院跑出来,回到第二口(2589 井)井场拄着双拐指挥打井。钻到约 700 米时,突然发生井喷,井场没有压井用的重晶石粉。经过研究决定采取加水泥的办法,提高泥浆比重压井喷。水泥加进泥浆池就沉底,又没有搅拌器,王进喜就扔掉拐杖,奋不顾身地跳进泥浆池用身体搅拌泥浆。经全队工人奋战,钻井队终于压住了井喷,保住了钻机和油井。

王进喜在大庆开发建设历史上,乃至我国石油工业发展史上都占有重要的地位。他留下的"铁人精神"永远是鼓舞中国工人前进的思想动力。王进喜战胜了种种艰难险阻,只为将工作任务落实到位,这样的"铁人精神"值得所有人学习。

【精神榜样】

"铁人精神"是一面旗帜,凝聚着工人阶级的朴素情感;"铁人精神"是一种力量,凸显了一种坚韧不拔创业的勇气;"铁人精神"是一种标志,凝缩着一个民族不畏困难的民族气概。同时,"铁人"王进喜的事迹也启发我们青少年:谁有历经千辛万苦的意志,谁就能达到人生的目的。执着追求并从中得到最大快乐的人,才是成功的人。

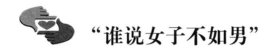 **"谁说女子不如男"**

【模范人生】

陈芳只是小学毕业，1996 年前在家务农。1996 年，她在中国交通集团公路二局一处当了一名临时工，2002 年便担任女子钢筋班副班长。

1996 年在长春时，从小在男人面前就不肯服输的陈芳，有了到钢筋班上班的想法，于是跟随丈夫来到筑路工地。工人们所到之处大多是深山峡谷，人迹罕至；走的时候却留下一座座美丽的路桥、隧道。她渴望像丈夫一样，也在其中留下自己的痕迹。很快，她开始主动帮丈夫扎钢筋，几年下来，她对钢筋成型、墩粗、套丝等工序已是样样精通。

2002 年 6 月，她随丈夫"转战"到崇遵公路西山沟特大桥工地时，发现"随军"的家属大都闲置在家，又萌发了组织一个女子钢筋班的念头。这一想法得到工地领导的支持，女子钢筋班组建起来后，工地领导专门派一名技术员来当这个班的班长，负责技术指导，陈芳当上了副班长。

陈芳当上了女子钢筋班副班长，带领包括两名大学生技术员的 9 名女工。陈芳非常珍惜这个岗位，把技术员当老师，不光学会了看图下料完成制作，还掌握了一手漂亮的电焊技术。闪光对焊要非常细心，焊接处不能有一点儿焊渣或气泡。这主要取决于焊接时电流的强弱、角度的大小和掌握的熟练程度，工地为此专门办了技术培训班。每天参加完培训，陈芳都要找来废钢筋苦练。一个月后，陈芳成为最好的焊手。西山沟特大桥的20多个工区，都来现场观摩陈芳的闪光对焊。

女子钢筋班总共为西山沟特大桥提供了2000多吨各种规格的钢筋，每次工地现场抽检，她们加工的钢筋都是第一名，每次产品检验都是一次通过。一根直径2.8毫米、长10米的螺纹钢重百余斤，要两人使劲才能抬上成型台，一头塞进机器，另一头由人抬着慢慢往里送。机器开动，钢筋一节一节改变着形状。成型后抬下来码在一旁，再抬上一根。光这样抬上抬下，一天要搬动2吨多重的钢筋。一批钢筋成型后，又要一根根抬上焊机。粗大的钢筋弹力很强，得费很大劲儿把两端对在一起。陈芳说，这是最费体力的。

而作为打通我国西南出海大通道南北段的崇遵公路（崇溪河至遵义），已如期通车，浸透了陈芳和她的队友们整整3年的辛劳汗水、岿然屹立的西山沟特大桥，将永远珍藏在陈芳和队友们的脑海里。从一个在家务农的女子成长为钢筋班副班长，陈芳在不断刻苦学习的过程中将知识转化成能力，才掌握了一手漂亮的电焊技术。

【精神榜样】

陈芳曾说："我本来是个农妇，没想到会在国家大工程中留下自己的业绩。姐妹们有时笑我像个男人，心高、好胜。我说，心就是要高，加上实干，这辈子就不会后悔！"她以巾帼不让须眉的气概、严谨踏实的作风和坚持不懈的干劲，闯出了自己的一片天地。青少年应该以她为榜样，让自己的人生从平凡走向辉煌！

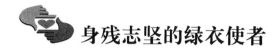

身残志坚的绿衣使者

【模范人生】

在海南省乐东黎族自治县黄流镇的乡村邮路上，陈兴祯已默默地走过了近 30 个春秋。

1984 年，乐东邮政局要在黄流镇招聘一名乡邮员。当时，腿脚不太灵便的陈兴祯在邻居的质疑声中，凭借优异的成绩成功应聘，从此，陈兴祯的生活便跟邮路连在了一起。

日复一日，年复一年，陈兴祯风雨无阻地把一份份报刊、一封封信件送到千家万户。每逢报刊征订季节，陈兴祯便忙里忙外，既要投送，又要征订，但他总能有条不紊地把每一件事情处理好。白天干不完，晚上就加班加点，一直干完了才放心。他家就在邮局附近，但很多次由于加班太晚，他干脆就在单位过夜。

逢年过节，或是家中有喜事、急事，陈兴祯总是坚持以工作为先。有一次，陈兴祯因食物中毒引起腹泻，失水过多，住院打吊针，但针一吊完回到家，他午饭还没吃就给尖界村民送快件去了。妻子见状急了："你不要命了？"他解释，这里有 10 多件信函，其中有一份特快专递和一份电报，不去不行，说完就骑单车出门。在陈兴祯心里，自己的事再要紧，也比不上工作要紧！

除了常规信件做到万无一失外，陈兴祯对那些地址模糊不清的"死信""死报"也不轻易放弃，常常让它们"起死回生"。有一次，他发现一封从湖南寄来的平信，信封上只写"海南乐东县黄流镇林关昌收"。拥有 7 万多人口的黄流镇，去哪找林关昌呢？陈兴祯到黄流派出所查阅户口册、花名册。一查，同名同姓的林关昌有 17 人之多，分布在 5 个村。陈兴祯一个一个登记查询，终于在黄中村委会抱本路新宅区找到了真正的收件人林关昌。

1995 年，他发现一封寄来的信，信封上写着"海南崖县五区黄流乡邢福伦启"，那是 40 多年前的建制。原先的黄流乡现已拥有 4 个村 1 万多人口，邢福伦住在哪个村？陈兴祯按照老办法，到镇派出所重点查询有海外关系的人，结果在黄西村第 10 村民小组找到年近七旬的老农邢福伦。当这位老人看了信，知道离家 40 多年的哥哥还在台湾活着时，当即老泪纵横，紧拉着陈兴祯的手说："你真是一个好邮递员！"

近 30 多年来，陈兴祯累计的邮路行程达 26 万公里，可以环绕地球 6 圈多；共投递报刊 460 万份、信函 90 万份，且无一差错，无一延误；被订户誉为"信得过的乡邮员""身残志坚的绿衣使者"。

【精神榜样】

也许在很多有雄心壮志的人看来，陈兴祯的人生和工作都微不足道。一份报纸、一封信……他所做的事平凡琐碎，似乎不值得一提，看起来他只是在最普通的工作岗位上完成了自己的本分，然而世间最难做到的就是"坚持"二字，陈兴祯做到了，他用行动诠释着这两个字的真谛，温暖了更多平凡的人。

"一代焊王"曾乐

【模范人生】

曾乐是国际著名焊接专家。他以一个中国知识分子的智慧、执着的创造精神，呕心沥血，屡克难关。他创建的精密焊接试验室，试制出20多种填补国内空白的精密焊接用品。

20世纪50年代，曾乐来到鞍钢，从此和电焊结下了不解之缘。鞍山金属结构厂，是苏联援建的工厂，苏联专家经常来指导。曾乐看到许多同事都能自如地翻阅俄文专业书，心里羡慕得很，恨自己在大学里只精通德语，选修了英语。但是他没有埋怨，除参加俄语培训班外，每天一下班就赶回宿舍，结合焊接专业自学俄语。花费了整整两年时间，曾乐几乎放弃了所有周末假日，两大本俄文原版的《焊接工艺学》《焊接结构》都被他啃熟了，焊接专业也烂熟于心。不久，他的焊接技术就超过了由上海招聘去的技术人员，成为鞍钢为数不多的焊接工程师之一。

随着现代科学技术的发展，创建微电子维修体系，确保大型计算机正常运行的使命，落在了曾乐的肩上，这位长期从事应用科学的焊接专家，默不作声地挑起了这副担子。

对于白手起家的曾乐来说，这个任务困难重重。况且精密焊接工程是"计划外项目"，一没有专项资金，二没有系统数据，就连一间必需的房子也没有。

没有资金，他就到全国各地进行技术指导，20万元的咨询费连同自己的2万元提成，都成了建立综合精密焊接实验室的基金。没有房子，他就把自己的宿舍兼办公室贡献出来，自己住在楼梯下堆放杂物的储藏室。小屋低矮潮湿，女儿从北京来看他，一翻被褥，湿乎乎的，已有点点霉斑。在艰苦的条件下，曾乐亲自研制出各种助焊剂，在各种材质的金属眼镜架上试验，在模拟试验的基础上，他向电路板开刀了。白天，他要组织浩繁的钢结构工程，晚上则要进行精密焊接实验。干一会儿，睡一会儿，醒了接着再干，常常一夜下来，烟灰缸里塞满了烟蒂，纸上写满了密密麻麻的数据和公式，房间里弥漫着一股难闻的焊药味。

不知熬过了多少个夜晚，不知舍弃了多少个节假日，整整8年，他每天工作都在12小时以上。1989年9月，这个由曾乐苦心创办起来的国内独一无二的综合精密焊接室，由曾乐代表他们所属的北京冶金建筑总院无偿移交给宝钢总厂。

曾乐用10年的时间，使原来在精密焊接领域落后了20年的中国，一跃赶上了国际发展的步伐。

【精神榜样】

曾乐克服重重困难，呕心沥血，终成"一代焊王"的故事启发我们青少年：只有大家兢兢业业，一心扑在自己的事业上，坚持不懈地为这努力奋斗，才能攻克难关啃下难啃的骨头，才能为社会创造和谐的发展环境。世界上最大的金矿不在别处，就在我们自己身上。只要我们认真对待自己的事业，在自己的事业上花费更多的精力，就会发现自己创造了不同凡响的人生。

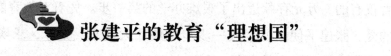

张建平的教育"理想国"

【模范人生】

20 年前，张建平创办了开封市"文革"后的第一所民办学校。她的足迹遍布全国 10 个省市，撰写了数以万计的调查报告；她力主学校教育应还原到自然状态，实施快乐教育和人性化管理。组织学生骑车远足、百公里拉练，这些让很多校长感到战战兢兢的活动，她却每年都坚持去做；她坚持每天写博客日记，与师生一起见证每一天的进步；她实施的"吃大锅饭"的薪酬制度，被专家称为市场经济环境中学校管理的"世外桃源"，求实中学也因此被媒体誉为"中国的帕夫雷什中学"。

1974 年，年仅 19 岁的张建平怀揣着苏霍姆林斯基的《帕夫雷什中学》，带着对孩子们的爱与热情，来到开封市十二中学做代课教师。当时，"文革"还在继续，上课不像上课，课堂不像课堂，学校变成了粪便场，教室墙上挂着蛛丝网。孩子们不愿意到学校来，是她走东家、串西家，用爱把孩子们带回了学校。孩子们不仅来学校上课了，而且遵守纪律，认真学习，因为他们觉得不好好上课就对不起张老师。

1993 年，张建平又怀揣着教育的理想，和另外两个同事一起创办了求实中学。此时，她已经是河南省劳模、全国优秀班主任、学校教务主任，拥有大好前程，但她毅然放弃当时发展得很好的职位，走上了办学校的艰难旅程。这年 9 月，首期招收 59 名学生的求实中学在两间租来的教室里举行了开学典礼。没有鲜花，没有掌声，没有领导、名人、专家的剪彩，没有鼓乐，甚至没有人来祝贺。一个学生家长掏钱买了一挂鞭炮，点响了算是庆贺。就这样，怀揣着理想的张建平拿着仅有的1万元存款迈出了艰难办学的第一步。凭着对教育的从未割舍的爱，张建平使这所学校一步步发展壮大起来。如今，求实中学已经发展成为拥有4个教学部、在校生4500多人的大学校。

即使是这样的大校，张校长依然用心中的大爱给孩子们创造各种体验和成长的空间。圣诞节，张校长和教师化装来到孩子们中间，给他们送礼物，给他们带来意外的快乐；泼水节，师生个个成了落汤鸡，但他们兴奋着、快乐着……一切的一切，只为让孩子们体验不同的生活，让孩子们尝试、感受生活中的第一次。

现在每天到该校参观学习的人络绎不绝，"求实现象"得到越来越多人的关注。张建平凭着自己对教育工作的热情成就了一所拥有4000余名学生的品牌学校。

【精神榜样】

张建平用十几年时间打造一所民办中学，矢志不渝地坚持自己的理想，并把求实中学办成了一个品牌。她的成功没有秘诀，贵在坚持不懈。任何伟大的事业，成于坚持不懈，毁于半途而废。其实，世间最容易的事是坚持，最难的事也是坚持。说它容易，是因为只要愿意，人人都能做到；说它难，是因为能真正坚持下来的，终究只是少数人。巴斯德有句名言："告诉你使我达到目标的奥秘吧，我唯一的力量就是我的坚持精神。"

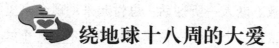

绕地球十八周的大爱

【模范人生】

一位年逾九旬的病弱老翁，一辆破烂不堪的旧三轮车，一个老人无私奉献的感人情怀，一个20年助学的惊人神话。

白芳礼祖辈贫寒，13岁起就给人打短工。他从小没念过书，1944年，因日子过不下去逃难到天津。流浪了几年的白芳礼当上了三轮车夫，靠起早贪黑蹬三轮车糊口度日，经常挨打受骂，让人欺负，再加上苛捐杂税，终日食不果腹。新中国成立后，白芳礼靠自己的两条腿成了为人民服务的劳动模范，也靠两条腿拉扯大了自己的4个孩子，其中3个上了大学。同时，他还供养着20岁就守寡的姐姐，并资助侄子上了大学。

1987年，已经74岁的他决定做一件大事，那就是靠自己蹬三轮的收入帮助贫困的孩子实现上学的梦想。

在家庭会上，白芳礼当着老伴和儿女们宣布："我要把以前蹬三轮车攒下的5000块钱全部交给老家办教育。这事你们是赞成还是反对都一样，我主意已定，谁也别插杠了！"随后，老人便将5000元分两次捐给了家乡白贾村，建立起一个教育奖励基金会。村里人为了表示谢意，将一块写着"德高望重"的大匾送到了白芳礼家。那以后，老人又蹬上了三轮车。像往常一样，儿女们在老爷子出门前，都要给他备好一瓶水、一块毛巾，一直目送到街尽头。白芳礼呢，一切还是那么熟悉，但心里比过去多装了一样东西，就是孩子们上学的事。

1994 年，81 岁高龄的白芳礼在一次给某校的贫困生们捐资会上，把整整一个寒冬挣来的 3000 元钱交给学校，校领导代表全校 300 余名贫困生向他致敬。老人一听这话，思忖起来：现今家里缺钱上学的孩子这么多，光靠我一个人蹬三轮车挣的钱救不了几个娃儿呀！何况自己也老了，这可咋办？老人的心一下沉重了起来。回到车站他那个露天的"家"后，老人琢磨了一宿，把家中的两间老屋给卖了，又到银行贷了款。不久，由市长亲自给白芳礼老人在火车站旁边的一块小地盘上，全国唯一的一家"支教公司"——天津白芳礼支教公司宣布正式成立。

不知道的人以为白芳礼老人当了董事长，这下可以坐享清福了。可是他不但照常蹬三轮车，而且加大了对自己的压力。他为自己规定了每月收入 1000 元的指标，每天要挣 30—40 元。"我还是像以前一样天天出车，一天总还能挣回个二三十块。别小看这二三十块钱，可以供十来个苦孩子一天的饭钱呢！"这就是一个耄耋老人的精神世界。他尽自己的全部所能，烘托着一片灿烂天空，温暖着无数莘莘学子。

老人蹬三轮车的时候，从头到脚穿的是不配套的衣衫鞋帽，看起来像个乞丐，他身上的衬衣、外裤，都是平时捡的，甚至两只鞋子都可能不一样。他的饮食极其简单，经常是两个冷馒头加一瓶凉水，就一点点咸菜。很多时候由于拉活需要，白芳礼老人走到哪儿就睡在哪儿，一张报纸往地上一铺，一块方砖往后脑一放，一顶帽子往脸上一掩，便是他睡觉前的全部准备"程序"。为了多挣一点钱，老人已经好多年不住在家里，特别是老伴去世后他就以车站边的售货亭为家，所谓"床"，不过是两摞砖上面搁的一块木板和一件旧大衣。冬天，寒风阵阵；夏天，骄阳似火，在一层薄薄铁皮围成的售货亭里，老人度过了一个个酷暑严冬。

白芳礼老人就是这样，节衣缩食把自己蹬三轮车的所得全部捐给了教育事业。有人计算过，这些年来，白芳礼捐款金额高达 35 万元。如果按每蹬 1 公里三轮车收 5 角钱计算，老人奉献的是相当于绕地球赤道18周的奔波劳累。尽管经历了种种辛苦白芳礼却从没想过要得到回报。捐助的款项，也大多是通过学校和单位送到受助学生手里的，老人从没有打听过学生的姓名。有人试图在老人那里找到被资助的学生名单，但只发现一张他与几个孩子的合影——这是唯一的一张照片。当问老人对受他资助的孩子有什么要求时，老人的回答很朴实："我要求他们好好学习，好好工作，好好做人，多为国家作贡献。"

【精神榜样】

一位耄耋老人十几年的坚持不懈，绕地球赤道18周的奔波劳累，点滴积累而来的35万元，让无数学子得以圆梦。美德，不能靠数字来衡量，然而在这些数字中，我们看到了白芳礼老人令人惊叹的毅力与广博的爱心。"绳锯木断，水滴石穿"，每一次点滴的努力，都会让我们离梦想更近。每一次踩下车蹬，每一米的前进，都让白芳礼老人的光彩更增加一分。

第八章

锲而不舍，金石可镂

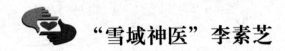

"雪域神医"李素芝

【模范人生】

1976 年,他放弃上海优越的生活工作条件,主动申请到西藏边防工作。扎根西藏 28 年中,他通过精湛的医疗技术,良好的医德医风,为推动西藏卫生事业的发展,为促进汉藏民族团结作出了重大贡献。他是李素芝,被誉为"高原一把刀",西藏人民则亲切地称他为"门巴将军",门巴在藏语中就是医生的意思。

西藏自治区山南县藏族妇女次仁至今还记得她的丈夫做肾脏移植手术时的情景。2004 年 2 月 1 日的拉萨,春寒料峭,乍暖还寒。次仁一大早就等在西藏军区总医院手术室门前,窗外是明媚的阳光,但是,次仁一直坐立不安。她的丈夫坚增欧珠两年前得了尿毒症,肾功能面临衰竭,坚增欧珠的弟弟为哥哥捐出了一个肾脏,手术正在进行。4 个小时后,医生告诉次仁,手术成功了。次仁激动地把一条洁白的哈达献给了主刀医生、西藏军区总医院院长李素芝,但是次仁当时并不知道,她丈夫的这个手术是西藏首例活体肾移植手术,这个手术的成功也标志着在高寒缺氧环境下人体器官移植手术迈上了一个新台阶。

李素芝在高原医学领域取得了丰硕成果,高原缺氧环境下活体肾移植手术只是其中之一。他的另一项重要成果是高原环境下的心脏不停跳体外循环手术。西藏是世界上平均海拔最高、空气中含氧量最低的地区,低压缺氧、寒冷干燥等环境条件使高原地区心脏病的发病率居全国之首,对驻藏官兵和藏族群众的身体健康造成极大威胁。但是,在高原地区实施体外循环心脏手术，风险大、难度高，会出现平原地区没有的并发症，甚至猝死。因此，高原心脏手术不仅国内没有先例，世界医学界也无人敢问津。1986年，国外一位专家断言：在3500千米以上不能实施体外循环心脏直视手术。而经过20多年持续不断的努力，200多次动物实验、上百次失败的打击之后，李素芝的付出得到了回报，2000年11月，他成功实施了海拔3700米以上体外循环心脏直视手术，开创了世界先例。

当地的一个僧人是这样评价他的：从我们佛教的角度来说，他确实是大慈大悲的人，用现在的话说，是全心全意为人民服务的人，在他面前没有官民之分，他对当官的和对老百姓都是一样看待……他确实是一个好人，一个普度众生的人。从我一个僧人的角度来看，我很佩服他，我也经常听到他的事迹，他的一些经历我也见过，他总是为老百姓着想，我对他的印象非常好。

从22岁到50岁的这28年，是一个人一生中最好的时光。李素芝坚持行医，救死扶伤，以拯救他人生命为最高宗旨，把自己生命中最宝贵的时光留给了雪域高原。

【精神榜样】

李素芝20多年坚持行医的故事启发我们：世界上并没有什么天才，无论做什么事情，我们都要做一只脚踏实地的蜗牛，一步一个脚印地向着心中的目标前进，只要坚持不懈，持之以恒，我们就能登上人生的珠峰。

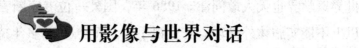

用影像与世界对话

【模范人生】

张艺谋导演的第一部影片《红高粱》，使他名声大噪。凭借此片，张艺谋不仅获得1988年中国电影金鸡、百花双项最佳故事片奖，还在国外为中国电影获得了第一个世界冠军级大奖——柏林国际电影节的金熊奖。这之后张艺谋执导的《菊豆》《大红灯笼高高挂》《有话好好说》等也频频在国内外获大奖。

张艺谋拍的影片有个性，富有想象力，表达了他对社会、对人生独特的观察，每一部都有特点、有新意，他通过一部部优秀影片不断地改变自己、超越自己。早先，他关注历史和农村的作品比较多，为寻找新的感觉，他转到现代题材，如拍摄的20世纪二三十年代的《摇啊摇，摇到外婆桥》，后来又拍了一部《有话好好说》。就在大家以为他要接触城市题材的电影时，他又回到怀旧、抒情、富有散文结构的电影以及农村题材电影中，如《我的父亲母亲》《一个都不能少》。

张艺谋对此曾解释道："说是求变，不如说是很长时间内心有一股冲动，一股很强烈的冲动。我们国家这几年在政治、经济及人民生活水平等方面都发展得很快，许多方面都已经或者逐步地与国际接轨，可是我们的电影市场实际上处于一种下滑趋势。改革开放20年来，我们也曾有过许多值得回味的电影，这些电影曾在思想艺术上，在人性、人情的探索上，有过许多可贵的尝试。现在这些似乎在一些人的头脑中都非常淡化了。当然，十几年前拍电影没有商业压力，今天观众的更新换代很快，观众确实要娱乐和放松。但是，娱乐不能成为电影的'主打'，它不能延续中国电影文化。"

张艺谋珍惜自己的事业，坚持把自己所从事的电影事业看作一种神圣的使命。几十年如一日对电影艺术的追求，让他成为中国为数不多有影响力的导演，也成为现在年轻导演的榜样。他说过：我永远是一个导演，决不会因为当导演太出名就异化成其他的社会工作者，我会继续走完这条路。

张艺谋的第一部电影《红高粱》在柏林国际电影节的那次得奖可能改变了他的整个人生，也代表着中国第五代导演开始受到国际的关注。在自己所从事的领域里做到出类拔萃，是创造更多业绩的前提和基础。

【精神榜样】

导演张艺谋的成功在很大程度上来源于他对电影艺术的诚挚热爱和不懈追求。熟悉他的人曾说：在电影拍摄过程中，他常常为了一个问题，一夜不睡，与人反复探讨。最常见的情形是，与他对谈的人都支撑不住，昏然欲睡，而他仍旧精神饱满。这里，体力固然是很重要的一个方面，但若没有热爱艺术这一精神支柱，没有谁能长期坚持下去，并创造出这样辉煌的艺术成果。总之，张艺谋对电影事业严谨执着、不懈奋斗的精神，值得我们每个人学习。

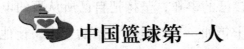

中国篮球第一人

【模范人生】

对于中美两国人民而言，姚明并不是一个陌生的名字。姚明身上拥有着成功必备的许多良好素质，如努力、上进、敬业，同时，幽默、平和的性格也为他赢得不凡的人气。被誉为"小巨人"的姚明在职业运动生涯中，用高超的体育技能，在一个强手如林的国家运动项目中占据一席之地，成就了很多人的梦想，更成为中国人的骄傲。

我们应当看到，除了2米26的身高之外，姚明事实上缺乏成为一名优秀篮球运动员的很多天赋。但在他成功之后，这些问题都被忽略了。姚明被称为"上帝的礼物"，仿佛他一降生在世界上，就理应成为今天的姚明。

有些人也许不太清楚：姚明的左耳丧失了大部分听力，这严重影响了他在场上场下和教练、队友的交流。他往往听不到从左侧传来的声音，当教练布置战术的时候，他必须用右耳倾听。姚明的身体条件也曾经受到怀疑。他的两肩狭窄，胯骨宽大。对于中锋而言，这会影响他的篮下对抗能力和转身时的灵活性。对于篮球运动员来说，弹跳力是决定性的天赋之一。跟腱越长的运动员，弹跳力越好而姚明的跟腱短，脚形为俗称的"刀削脚"。当我们认为有2米26身高的姚明一定会成功时，我们其实忽略了很重要的一点：我们曾经有过那么多身高和姚明相似、篮球天赋甚至超过姚明的运动员，但没有一个人实现了像姚明一样的成就。

作为成功运动员的姚明刻苦敬业的精神一向为其前主教练范甘迪所称道，据范甘迪透露，姚明一般的训练安排是这样的：提前45分钟开始训练，而在日常训练结束后自己再加练45分钟。"当他脚伤的时候，他依然坚持在场外自己进行训练。"

姚明如今的成就，他所达到的高度，完全是由于他对篮球的态度与自己坚持不懈的努力，姚明的天赋或许在国内鹤立鸡群，可是与最高篮球殿堂的美职篮的那些球员相比，也不足为奇。他的成功也说明了要想有番成就，就必须追求自己的梦想，并努力坚持完成它。

【精神榜样】

只有努力奋斗、坚持不懈，才能让一个人从资质普通的平庸之辈变成统治时代的强者。正视自己，挑战自己，永远向着更高的目标迈进。处于青年时代的我们，今天可能是一个价值很高的人，但如果你故步自封、满足现状，不坚持自己的梦想，你的价值明天就会贬值，被一个又一个智者和勇者超越。这个社会进步太快，不前进将意味着退步。所有机构都青睐非常优秀的人。把不可能变成可能，不是来自等待和空想，而是来自于对梦想的执着追求和全力以赴的努力。

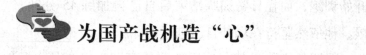

为国产战机造"心"

【模范人生】

他长期从事航空发动机的仿制和自行研制的组织领导工作，他一生爱党爱国、爱岗敬业、艰苦朴素、无私奉献、助人为乐、淡泊名利，有着坚定的理想信念和崇高的思想境界，为我国航空发动机的振兴发展作出了突出贡献。他领导制造出涡轮风扇发动机，为昆仑发动机和太行发动机的定型有着很大的影响。他就是被称为"中国航空发动机之父"的吴大观。

航空工业建立初期，吴老心里始终有一个愿望：一定要为新中国研制出我们自己的喷气发动机！万事开头难，到底怎样设计发动机？他苦苦思索，决定第一台喷气发动机从教练机起步。1957 年 3 月，喷发 1A 发动机开始研制，调人手、找资料、建设备……众多难题，错综复杂，最重要的是发动机研制必须进行零部件和整机试验。为了设计制造试验设备，便于测试技术人员学习电子技术，吴老把他从美国带回的 6 个真空管长短波收音机拿出来，供他们拆装练习。他带领试制人员亲自动手制作试验器，解决了发动机的火焰筒和涡轮叶栅两项最关键的试验。经过吴老和广大科研人员 200 多个日日夜夜的奋战，发动机于当年研制成功。

1958 年 7 月 26 日，配装了喷发 1A 发动机的歼教 1 飞机试飞成功，新生的"中国心"开始了跳动！

2005 年，我国自主设计的第一型大推力涡扇发动机——"太行"

实现设计定型，标志着中国航空发动机行业完成了由仿制、测绘仿制向自主研制、自行发展的转变过程，中国战机从此将实现第二代机到第三代机的跨越。几十年来，在吴老的带领下，我国建立了日趋完善的研制体系，培养了一支过硬的科研人才队伍；先后组织了喷发1A、红旗2、涡喷7甲、涡扇5、涡扇6发动机的研制及斯贝发动机的专利生产，编制了发动机通用规范，吴老用一生在中国航空发动机史上，书写了昨天，赢得了今天，奠定了明天。

【精神榜样】

这个世界上从来就不缺少有梦想的人，缺少的是坚持不懈以实现梦想的人。昨天是经验，今天是坚持，明天是希望，后天是成功。被称为"中国航空发动机之父"的吴大观，用他的辉煌业绩照亮了中国航空发动机的历史，用他一生坚守的品格，充分施展了自己的才华和抱负，成就了一世功名和伟业。

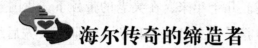

海尔传奇的缔造者

【模范人生】

24 年来，海尔集团已由一个亏空 147 万元的集体小厂，发展成为中国家电第一品牌，并在全世界获得越来越多的美誉。张瑞敏确立"名牌战略"，带领员工抓住机遇、加快发展，创造了从无到有、从小到大、从弱到强的发展奇迹。

在管理实践中，张瑞敏将中国传统文化精髓与西方现代管理思想融会贯通，"兼收并蓄、创新发展、自成一家"，创造了富有中国特色、充满竞争力的海尔文化。从"日事日毕、日清日高"的管理模式，到每个人都面向市场的市场链管理，到"人单合一"的发展模式，再到卓越运营的商业模式，张瑞敏在企业管理上的不断创新赢得了世界管理界的高度评价。到目前为止，先后有美国的哈佛大学和南加州大学、瑞士洛桑国际管理学院、法国的欧洲管理学院、日本神户大学等商学院以海尔管理创新为素材做了 16 个案例，涉及企业兼并、财务管理、企业文化等方面，特别是颇具权威的瑞士洛桑国际管理学院为海尔做的"市场链"案例已被纳入欧盟案例库。信息化时代，海尔开始了信息化流程再造，着力打造卓越运营的商业模式，被管理界称为是"海尔的信息化革命"。

如何让企业在壮大的过程中，变得更加灵活而有效？按张瑞敏的话说，"就像一部精密的时钟一样"。当年被媒体评价为"拯救了 IBM 这个濒危的'蓝色巨人'的超级 CEO"郭士纳，写了一本影响世界的书《谁说大象不能跳舞?》，说的就是他如何让巨型企业实现重大转型。

而现在，张瑞敏也在做这样的事。张瑞敏在海尔推行的"1000 日流程再造"及"服务转型"的改革有两个关键点：一是在商业模式上，海尔要把自己的产品仓库几乎全部取消掉，实现"零库存下的即需即供"；二是在运营机制上，每一个员工都是考核单元，称之为自主经营体。而在组织结构上，也要相应地从自上而下的"正三角形"，变为以客户为中心的"倒三角形"。因为《世界是平的》让他明白：互联网时代对企业最大的挑战就是——速度，要在第一时间满足客户的需求。这与他特别推崇的管理大师德鲁克的思想不谋而合：组织的目的就是平凡人做着不平凡的事。

"做事应该不争一日之短长。俗话说，'将军赶路不追小兔'。我做事是有目标的，不达到这个目标我就不走神。就像驾车在高速公路上狂奔一样，既想高速又想稳定。"张瑞敏说。

或许很少有人能理解他身居其位的孤独与负荷，但这并不重要。毋庸置疑，海尔已经是中国最成功的企业之一。事实上，真正的强者都有无所畏惧的胆识和勇气。无论做什么事情，面临多么大的困难，他们都不会心生怯意、临阵脱逃，不会让畏惧束缚住自己那颗追求成功、追求卓越的心。

【精神榜样】

坚持是最需要勇气和担当的，也是需要付出代价与牺牲的。很多时候，成功与失败的差距也许仅一步之遥，我们不肯迈出最后那一步，是因为前面大部分的困难已使人疲惫不堪，这时候一个微小的障碍就让我们难以支撑，导致前功尽弃。其实，只要咬紧牙关坚持一下，胜利就近在眼前了。对此，肖伯纳曾经说过："多走一步，就可以缩短一步接近成功的距离。胜利就在前方，你的任务就是坚持，就是再多走一步。"

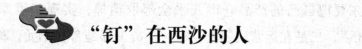

"钉"在西沙的人

【模范人生】

在西沙岛上待两三天的人，都会为西沙的美所惊叹：岛上碧海蓝天，鸟儿齐鸣，鱼儿嬉戏，犹如世外桃源。然而，"烈日当头照，台风常袭扰，四季缺蔬菜，日报成月报"，这才是西沙艰苦环境的真实写照。

西沙群岛远离内地，交通不便，常年高温、高湿、高盐的自然环境，岛上的人非常容易得风湿病、肠胃病等。而西南中沙群岛工委办事处机关事务长郑心全，从1981年3月开始，20多年如一日像钉子一样"钉"在了这里。

1981年3月5日，郑心全在西沙工作几十年的老父亲走到儿子的面前："你是西沙人的后代，现在要到西沙工作了，记住要尽职尽责，西沙的环境艰苦，但爸爸相信你能挺住，上岛后，别的不要想得太多，家里有我和你妈……"带着老父亲的叮嘱、妻子的牵挂，郑心全来到西沙，风风雨雨，斗转星移，转眼就在西沙工作了20多年……

1988年因工作需要郑心全调到办事处机关担任司务长，成了管理几百名职工吃饭的"管家"。西沙群岛每年5月开始就有台风，8月到10月最厉害，台风频繁，常常是狂风吹、暴雨打……"这几个月中，有时候雨会持续十天半个月，每当这时候就是我最担心着急的日子，……就只想怎么尽快解决职工们的伙食问题！"每年遇到这种恶劣的气候，渔民不再出海打鱼了，供给船一两个月也上不了岛，"我们无法进行食物收购，这时，职工们的伙食就成了大问题。"每当这时，郑心全就四处奔忙找菜，走遍驻岛的部队和兄弟单位，东借蔬菜西凑粮食；实在不行他会手拿一把镰刀、背起一个竹筐踏遍小岛的每一个角落寻找野菜……郑心全是一个普通职工，他所做的事也是平凡的事，但是他能坚持20多年一直走下来……

他看起来和海南普通的渔民没什么两样，却有着一大堆响当当的头衔——仓库管理"活账本""一摸清"，伙食管理"好管家"，水电维修"专业工"，西沙蔬菜种植"行家里手"；他连续19年被评为先进工作者，2006年又荣获全国五一劳动奖章。

【精神榜样】

郑心全30多年如一日像钉子一样"钉"在了人迹罕至、条件恶劣的西沙岛，他没有抱怨、懈怠，相反，他取得了突出的工作成绩。"一个人正如一只时钟，是以他的行动来确定其价值的。"成功要靠实干来获得，即使面对的是平凡的工作岗位，经过坚持不懈的奋斗，认真负责的努力实干将让你得到成功的青睐。青少年可以从中学习到为追求卓越绝不放弃努力的拼搏奋进精神，体会到为实现理想永不懈怠的意志力的强大力量，若能将这些精神力量用在我们的学习、生活和社会实践中，我们必定能够出类拔萃，创造人生的辉煌。

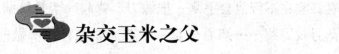

杂交玉米之父

【模范人生】

当今世界玉米栽培史上，档案记载的有两个人，一个是美国先锋种子公司的创始人华莱士，世界春玉米高产纪录的保持者；另一个就是李登海，世界夏玉米高产纪录的创始者。在我国育种领域，也有"南袁北李"之说。"南袁"是指杂交水稻之父袁隆平；"北李"就是指李登海，紧凑型玉米研究的创始者，被称为"杂交玉米之父"。据介绍，30多年间，他先后选育玉米高产新品种30多个，6次开创和刷新了我国夏玉米的高产纪录，这些新品种得到大面积的推广，最多时推广种植面积占到全国玉米总种植面积的1/3。

从小忍饥挨饿的记忆让李登海对家乡莱州的田野寄予了希望：生产更多粮食让人们吃饱饭。1972年，初中毕业的李登海当上了村农科队队长。偶然的机会，一则材料深深震撼了他：美国农民华莱士栽培的春玉米亩产达到创新纪录的1250公斤。而在当时，我国的夏玉米亩产只有一两百公斤。

"美国农民能办到的，我们也能办到。"同为农民的李登海从青年时期就下定决心赶超世界先进水平，探索中国玉米高产之路。提到1972年到1979年的那段时光，李登海依然抑制不住兴奋之情——正是那8年的艰辛探索，让他找到了我国夏玉米高产的育种方向。那段时间里，他选用国内100多个平展型优良玉米杂交品种，发现这类品种的亩产量很难突破700公斤。于是，他将研究方向转向了紧凑型玉米品种的培育，终于在 1979 年培育出"掖单 2 号"紧凑型玉米杂交种，创造了我国夏玉米亩产 776.9 公斤的新纪录。1989 年，李登海选育出亩产 1096.29 公斤的杂交种；2005 年，选育出亩产 1402.86 公斤的新品种……随后数年，李登海屡屡刷新玉米高产纪录，一步步拉近与世界最高水平的距离。

在我国北方，玉米一年只能种一季。为加快育种速度，1978 年，李登海离开家乡，来到海南三亚进行加代育种，过上了候鸟般"南来北往"的生活。在海南育种基地，他度过了 30 多个春节，克服孤寂、高温、蚊叮虫咬，潜心育种，唯一一次和家人一起过春节也是在海南的玉米试验田里。一想到这里，李登海眼眶有些湿润，他动情地感叹："这些年对母亲、对妻子、对儿子亏欠太多，但是一想到培育的玉米种子能让全国人民都吃饱饭吃好饭，再苦再累也值得。"

为了加快科研成果推广，实现种子产业化，1985 年，李登海在没有试验地、没有资金、没有科技助手、没有办公场所的艰苦条件下，自筹资金 2 万元，招聘 10 名农村人员成立了我国第一个民营科研试验站。1998 年，他成立登海种业集团公司，并在 2005 年成功上市，走出了一条集育、繁、推、销为一体的种子产业化发展道路。

李登海说，种子问题关系国计民生，也关系着国家粮食安全，研究玉米高产，就是要为破解国家人多地少的矛盾探寻道路。从 1990 年开始，李登海连续 23 年坚持"小麦玉米一年两季创高产"的科研攻关，小麦、玉米同年同地两季亩产最高达 1629 公斤。

从事玉米高产科研 40 多年，在没有知识产权保护的前 30 年里，李登海将科研成果无偿地提供给了全国的农业院校及科研单位；由他选育的玉米品种，推广种植面积最大年份占到全国的 43.5%，累计在全国推广 10 亿多亩，为国家增产粮食 1000 多亿公斤。

李登海一向低调，似乎鲜为人知，提起他培育的"掖单"系列高产玉米种子，却是家喻户晓。这是李登海对中国玉米事业作出的重大贡献。李登海曾调侃自己的工作是当全国人民的"厨师"："中国人多地少，要实现农民的增收，就要靠我们农业科技工作者拿出最好的农作物品种。"

【精神榜样】

　　青少年要明白，即使是一件简单的事，能持之以恒、坚持到底也非易事。做一件事不难，难的是每天都做同一件事而不放弃。量的积累需要长期付出行动，可以说这是考验人的意志、决心、耐力、勇气的最好实践。正因为李登海坚持了自己所拥有的优秀品质，才实现了自己的人生理想，为国家作出了贡献。

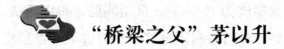

"桥梁之父"茅以升

【模范人生】

茅以升是中国近代桥梁事业的先驱。从选择了桥梁专业起，他就把培养桥梁建设人才和在祖国江河上修建桥梁视为自己奋斗终生的目标。

1933 年至 1937 年，茅以升任钱塘江大桥工程处处长，主持修建我国第一座公路铁路兼用的现代化大桥——钱塘江大桥。他采用"射水法""沉箱法""浮远法"等，解决了建桥中的一个个技术难题。经过 5 年的努力，茅以升终于将现代化的钱塘江大桥建成。以茅以升先生为首的我国现代桥梁工程先驱在钱塘江上建成了中国人自己设计和施工的第一座现代钢铁大桥，在中国桥梁工程史上树立了一座不朽的丰碑。

建桥遇到的第一个困难是打桩。为了使桥基稳固，需要穿越 41 米厚的泥沙在 9 个桥墩位置打入 1440 根木桩，木桩立于石层之上。沙层又厚又硬，打轻了下不去，打重了断桩。茅以升从浇花壶水把土冲出小洞中受到启发，采用抽江水在厚硬泥沙上冲出深洞再打桩的"射水法"，使原来一昼夜只打 1 根桩，提高到可以打 30 根桩，大大加快了工程进度。建桥遇到的第二个困难是水流湍急，难以施工。茅以升发明了"沉箱法"，将钢筋混凝土做成的箱子口朝下沉入水中罩在江底，再用高压气挤走箱里的水，工人在箱里挖沙作业，使沉箱与木桩逐步结为一体，沉箱上再筑桥墩。放置沉箱很不容易，开始时，沉箱一会儿被江水冲向下游，一会儿被潮水顶到上游，上下乱窜，后来把3吨重的铁锚改为10吨重，沉箱问题才得以解决。第三个困难是架设钢梁。茅以升巧妙利用自然力，创造了"浮运法"，潮涨时用船将钢梁运至两墩之间，潮落时钢梁便落在两墩之上，省工省时，进度大大加快。

钱塘江大桥建成于抗日烽火之中，再生于和平建设之世，不仅在中华民族抗击外来侵略者的斗争中书写了可歌可泣的一页，而且在国家经济建设中发挥了不可替代的重要作用。钱塘江大桥使沪杭与浙赣两条铁路相连接，使钱塘江两岸由天堑变通途。通车70多年以来，钱塘江大桥为我国交通事业的发展和当地经济的繁荣建立了不朽的功勋。钱塘江大桥既是我国桥梁建筑史上的一座里程碑，又是我国桥梁工程师的摇篮。茅以升先生把工地办成学校，吸收大批土木工程专业的学生参加工程实践，为国家培养了一批出色的桥梁工程人才。我国一些重要桥梁工程，如武汉长江大桥、南京长江大桥的一些负责人都曾经历过钱塘江大桥建设的洗礼。

茅以升始终坚持以最高的标准要求自己，才能在所从事的领域里取得不朽的成绩，获得无上的功勋。一个人成功与否在于他是否做什么都坚持到底、力争最优。成功者无论从事什么工作，都不会轻率疏忽、满足现状。相反，他会在工作中以最高的规格要求自己，以坚持不懈、奋斗到底的决心激励自己做到最好。

【精神榜样】

如果说有什么能让你变强大，那么，只有坚持！如果说有什么能让你成功，那么，只有坚持！没有谁天生就是伟人，没有谁天生拥有八斗之才，更没有人不经过坚持不懈的付出就能获得成功！青少年不妨多从茅以升这样为我国"四个现代化"建设作出卓著贡献的前辈身上汲取精神力量，以他们的坚定信念、不懈努力、无私忘我投身于自己的事业的可贵品质激励自己，向自己的人生高峰不断攀登，去领略一览众山小的美丽风景。

"大山之子"杨善洲

【模范人生】

1988年3月，61岁的杨善洲从保山地委书记的岗位上退休，婉拒了时任省委书记普朝柱劝其搬至昆明安度晚年的邀请，执意选择回到家乡施甸县种树。20多年过去了，曾经山秃水枯的大亮山完全变了模样：森林郁郁葱葱，溪流四季不断，林下山珍遍地，枝头莺鸣燕歌……

关于种树，杨善洲说："担任地委领导期间，有乡亲不止一次找上门，让我为家乡办点事情。我是保山地区的书记，哪能光想着自己的家乡，但毕竟心里过意不去呀，是家乡养育了我。于是我就向他们承诺，等退休后，一定帮家乡办点实事。"

为了实现"帮家乡办点实事"的承诺，杨善洲把目光锁定在施甸县城东南44公里处的大亮山。杨善洲的家乡就在大亮山脚下的姚关镇陡坡村，儿时，母亲常带他到山上挖野菜、草药等在集市上售卖。原来这里林木参天，当年大炼钢铁时大量砍伐树木，后来当地贫困农民又大规模毁林开荒，原本翠绿的大亮山变得山秃水枯，生态遭到严重破坏，周边十几个村寨陷入了"一人种一亩，三亩吃不饱"的困难境地。

退休前，杨善洲到大亮山实地考察，家乡的人听说他要回来种树就劝他："你到别处去种吧，这地方连野樱桃树和杞木树都不长。"然而，他还是来了，他以普通大山之子的身份带着一颗赤子之心回来了。

退休当天，杨善洲背起铺盖，赶到离大亮山最近的黄泥沟。第二天，大亮山国社联营林场正式挂牌成立。那天，他们人挑马驮把粮食、行李搬到离公路14公里远的打水杆坪子，临时搭建了一个简易棚安营扎寨。深夜，狂风四起，棚子被掀翻，倾盆大雨又不期而至，几个人只好钻到马鞍下，躲过一个风雨交加的夜晚。就这样，杨善洲带着县里抽调的几个同志开始了艰苦创业。后来，得益于省里的资金支持，林场终于盖了一排简易的油毛毡房，杨善洲和工人们在里面一住就是近10年。10年后，当他们用砖瓦平房取代油毛毡房时，破败不堪的油毛毡房已被四周的绿荫所掩盖。1999年11月，手提砍刀给树修枝时，杨善洲不幸踩着青苔滑倒，左腿粉碎性骨折，但半年后他不顾家人同事劝阻，执意爬上了大亮山。从此，他再也离不开拐杖了。

为了搞好多种经营，他们办起了茶叶基地，又建起茶叶精制厂。茶树长到半人高时，基地发生了一场鼠患，一只只肥大的老鼠几夜之间就把2/3的茶树啃死了，人们辛勤多年的茶园毁于一夜。面对这种挫折，有的人畏缩了，但杨善洲没有被困难压垮。他鼓励大家，茶园毁了可以重新种植，但要是人的精神垮了，事业就真正完了。他要职工振奋精神，重新与大自然搏斗。初建林场的3年，他们好不容易种活了将近3万亩华山松，有近400亩松树被一种叫紫荆泽兰的毒草侵扰死了，杨善洲又鼓励职工不要泄气，振奋精神重新干。在他的鼓舞下，林场职工始终没有在困难面前低头。

2009年9月至2010年5月，保山遭遇了百年不遇的特大干旱，但由于大亮山的植被非常好，涵养的水源多，水量充裕，周边群众的生产生活用水在干旱期间仍然十分充足。

2009年4月，杨善洲把自己用20年时间辛苦创办的大亮山林场的经营管理权，正式无偿移交给施甸县林业局。有人算过一笔账：大亮山林场共占地7.2万亩，其中5.8万亩华山松中有3万亩已郁闭成林，按1亩地种200棵树，一棵树按最低价30元计算，大亮山林场的活立木蓄积量价值已经超过3亿元。

【精神榜样】

　　杨善洲六十年如一日的辛勤奉献，不仅在大地上留下了一片绿荫，更在人们心中留下了一笔宝贵的精神财富，这笔精神财富激励着青少年为了理想与信念锲而不舍，不管遇到怎样的困难都不低头。人生的道路布满荆棘，行路的人须咬牙坚持，当一个人放弃的时候，他不知道他离成功是多么近。

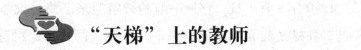

"天梯"上的教师

【模范人生】

在四川省凉山彝族自治州甘洛县乌史大桥乡二坪村，海拔 1800 米的学校里，李桂林和陆建芬夫妇坚守了 23 年。夫妇二人在二坪村小学教书育人，把一批又一批的彝族孩子送出大山，让他们去更广阔的世界里飞翔。

二坪村小学还有个为外人熟知的名字："天梯"小学。因为二坪村地处大渡河峡谷，山高路险，几架靠在崖壁上垂直而立的木梯就是二坪与外界的通道。住在山下和山腰的学生，要背着书包、爬着"天梯"去上学。

1990 年，乡党委和政府下决心恢复二坪村小学，可上下山异常危险，而工资只有 100 元，没有人愿意干。因而，乡上和村干部找到了彝族青年李桂林。曾经在雅安汉源县一所小学当过民办教师的李桂林听说后，决定到大渡河对岸的这个山村来看看情况。

那时，李桂林只知道二坪很穷、山路难走，但等他艰难跋涉近 10 个小时来到二坪村之后，才发现这里远比他想象中落后：老人们穿得破破烂烂，很多人甚至没有鞋穿，小孩子更是打赤条到处跑。眼前的场景让李桂林既吃惊又难过。

一位老乡告诉他，全村 400 多人几乎没人识字，不识钱也不会算账，下山后找厕所都没法子。老乡的话，深深地刺痛了李桂林的心。他也是彝族人，他的家就在大渡河对面的山里，但是那边的生活要比二坪村好太多了。二坪村太需要一个老师！李桂林决定留下来教书，让二坪村的孩子长大后不再过这样贫穷的生活。

1990年9月1日，整修一新的教室迎来了第一批学生，寂静了10年的二坪村又响起琅琅的读书声。没有一间住房，没有一张床，李桂林就借住在村民家的茅屋里。晚上，他点燃一盏煤油灯，在一张破旧的木桌上备课、批改作业。

一年后，妻子陆建芬也跟随李桂林来到二坪村小学，成为一名教师。她原本没有想到丈夫会在条件这么艰苦的地方教书，但是看到丈夫留在这里的决心，看到村民的贫穷、淳朴和缺少知识，她决定和丈夫一起留下来。从此，"天梯"的两头，多了两个护送学生的身影，寒冬酷暑，春去秋来，从不间断。

1996年6月，二坪村小学第一届学生毕业，成绩优异，在全县同类学校中名列前茅。这年，李桂林被甘洛县委、县政府评为优秀教师，学校被苏雄区工委，乌史大桥乡党委、政府评为先进集体。

23年中，二坪村小学学生未发生一起伤亡事故。"把孩子交给你们，我们一万个放心！""要不是你们夫妻，孩子们一定成了睁眼瞎。""你们，是二坪人民的顶梁柱，是孩子们的希望。二坪少不了你们。"一句句朴实的话语，道出了二坪村人的心声。

李桂林和陆建芬夫妇全身心投入山区教育事业的精神感动了当地广大干部群众。二坪——这个过去的"文盲村、穷山村"，现在成了"文化村"。从昔日的荒凉到今天的巨变，与这两位老师付出的心血紧密相连，他们为偏远山区的教育事业撑起了一片蓝天。2007年，李桂林被授予全国模范教师荣誉称号。2009年，他们荣获2008年感动中国人物称号。

【精神榜样】

李桂林、陆建芬，一对平凡的夫妻，用23年的时光点燃了大山上的希望之光。个人的力量或许渺小，但因为有了奉献的情怀和锲而不舍的精神，这渺小的力量也可以作出伟大的贡献。李桂林和陆建芬20多年的坚持，让"文盲村"变成了"文化村"，青少年从中可以体会到，当一个人把自己的全部力量投注到他的事业中，并克服困难、持之以恒地做下去，他一定可以使社会有所改变。